# 파워 러시아문학 텍스트 I

문준일 · 추석훈

HUiNE

# 머리말

외국어를 전공으로 하는 학생들이나 가르치시는 선생님들의 가장 기본적인 목표는 학생들이 전공하는 외국어를 보다 잘 구사하는 것이다. "외국어를 보다 잘 구사한다"는 의미에는 여러 층위가 있을 수 있지만, 외국어 전공자들의 가장 일차적인 목표가 되어야 하는 것은 자기가 하고 싶은 말을 정확하게 표현할 수 있고, 또 상대편의 말을 잘 이해할 수가 있어야 한다는 것이다. 외국어습득의 가장 기본적인 목표는 정확한 의사소통이다. 이 책은 이러한 실질적인 목표에서 시작되었다. 많은 대학들의 커리큘럼을 살펴보면 1학년에 기초 문법과 기초 강독을 마친 뒤 외국어를 본격적으로 공부하게 되는 2학년 과정에서 문학텍스트를 이용한 과목이 많이 있음을 알 수 있다. "러시아 문학 강독", "러시아 문학 텍스트 강독", "러시아 문학 텍스트 분석" 등등.

기초 어휘와 문법을 마친 학생들에게 문학 텍스트를 통하여 외국어를 습득하게 하는 것은 여러 가지 면에서 장점이 있다. 문학텍스트들은 어떤 의미에서는 가장 규범적인 문장을 학생들에게 보여줄 수 있다. 그래서 2학년 중급 수준의 학생들에게 규범적인 문장을 습득하게 함으로써 하고자 하는 말과 표현의 기본 틀이 될 수 있다. 모든 외국어가 그렇지만 러시아어는 특히 개별 단어 하나를 습득한다고 해서 "러시아어스러운" 문장을 만들 수가 없다. 외국어 구사에서 가장 기본적인 오류는 자기가 아는 단어들을 나열하여 문장을 만드는 것이다. 그렇게 되면 한국어 구조의 문장에 러시아어 단어를 끼워 맞추게 되는 결과가 얻어지고, 의사소통이라는 면에서는 상대편에게 자신의 의사를 전달하지 못하는 상당히 곤란한 지경에 이른다. 러시아어는 단어가 아니라 문장으로 이해하고 습득하여야 한다. 그래서 기초 어휘를 습득하고 단어에서 문장의 단계로 나아가는 중급 수준의 학습자에게 규범적인 문장의 체계적 습득은 무엇보다 중요하다 하겠다.

또한 문학텍스트는 어학 수준에서 규범적인 문장을 제공할 뿐만 아니라 해당 외국어의 문화와 멘탈리티를 이해하게 하는 효과를 가진다. 문학은 인간에 대한 이야기이다. 러시아인들의 사물과 인간에 대한 태도, 일상생활의 여러 모습들을 읽음으로써 러시아에 대한 이해의 첫 걸음을 시작할 수 있다. 외국어 습득에서 가장 마지막 관문은 문화라고 집필자들은 생각한다. 어학 실력이 아무리 뛰어나도 해당국의 문화에 대한 이해가 없으면 보다 고급스러운 표현단계로 나아갈 수가 없는 것이다. 러시아는 문학이 사회 전반에 상당한 영향력을 가졌던 나라였고, 따라서 일상언어에 스며들어 있는 러시아 문학 텍스트에서 유래한 은유적인 표현은 상상 할 수 없을 정도로 많고 또 쓰임새가 다양하다. 예를 들어보면 그리보예보프(Грибоедов)의 "지혜의 슬픔(Горе от ума)"에서 나온 "А судьи кто?"가 그것이다. 러시아인은 누구나 이해하는 이 표현을 대화 중에 우연히 듣게 된다면 정확한 의미를 파악할 수 있는 사람은 많지 않다. 하지만 반대로 생각하면 이러한 표현을 외국인이 적재 적소에 사용할 수 있다면 그 효과는 배가 될 것이다.

"파워 러시아 문학텍스트"는 이러한 목표와 계획으로 러시아 문학텍스트들을 선별하여 교재로 삼았다. "파워 러시아 문학텍스트"는 그 성격상 1권과 2권으로 나누었다. 1권은 러시아 유명 동화작가들의 작품들을 텍스트로 삼았다. 그 이유는 선별한 동화들이 내용상으로 비교적 평이한 내용과 재미를 가지고 있고, 러시아어 어학 교재의 측면에서는 짧은 분량과 규범적 문장을 가졌기 때문에 문학 텍스트를 통한 외국어 습득의 첫 단계로 매우 유용하리라 생각했기 때문이다. 선별한 텍스트들은 어휘나 텍스트의 분량을 고려하여 평이한 텍스트에서 보다 어려운 텍스트로 점진적으로 배치하였다. 2권에는 19세기 러시아 문학가들의 본격적인 문학텍스트들을 사용함으로써 1권에서 러시아어 문장 구조에 익숙해진 학습자들이 보다 심층적인 문장 구조를 접할 수 있게 하였다.

1권의 동화 작가들은 블라지미르 골랴프킨(Владимир Голявкин), 니콜라이 노소프(Николай Носов), 빅토르 드라군스키(Виктор Драгунский), 프세볼로드 가르쉰(Всеволод Гаршин)이다. 이들은 구 소련시절 어린이들의 사랑을 받았고, 지금 그들이 부모가 되어 자식들에게 읽히는 러시아의 대표적인 동화작가들이다. 짧지만 재미있고, 또한 교훈적인 내용을 포함하고 있는 이 동화들을 통해 학습자들이

즐겁게 러시아어를 접할 수 있었으면 하는 것이 집필자들의 바람이다.

집필자들이 바라는 것은 학습자들의 보다 적극적인 자발적인 참여이다. 단어에 한국어로 뜻을 달지 않은 것은 그것의 표현이다. 이 교재는 2학년 과정을 염두에 두고 계획되었다. 2학년 과정에서는 학습자 자신이 사전을 적극적으로 활용하여 단어를 자신의 것으로 만드는 과정이 요구된다. 또한 단어를 한국어로 일대일 대응시켜 습득하는 것은 러시아어 발전에 그렇게 도움이 되지 않을 것으로 생각한다. 러시아어 어휘는 단어 하나로 습득하는 것보다 해당 단어가 요구하는 격과 전치사를 같이 문장과 함께 습득하여야 만, 그 문장으로 자신의 의사를 표현 할 수 있기 때문이다. 또한 문장구조에서 꼭 습득해야 할 부분과 문화적인 맥락에서 이해해야 할 부분들을 따로 설명하여 이해를 돕도록 하였다.

러시아어라는 넓은 바다에 이제 돛을 올리고 멀리 항해하려는 학습자들에게 이 교재가 조그만 도움이 되었으면 하는 것이 집필자들의 바람이다.

Вперед к победу!

2011년 2월
공저자

# Содержание

# I

# Виктор Владимирович Голявкин
# (1929- 2001)

## АВТОР

러시아의 미술가이자 산문작가, 삽화가인 빅또르 블라지미로비치 골랴프낀은 1929년 8월 31일 바쿠(Баку)에서 출생하였다. 그의 부모님들은 모두 음악교사로 그들의 세 아들에게 모두 음악을 가르쳤다. 음악가의 길을 걷기를 바란 부모님의 희망과는 달리 맏아들 빅또르는 어릴 적부터 그림에 소질을 보였다.

골랴프낀은 사마르칸트(Самаркант)에 있는 예술학교에 입학하였고, 전쟁의 와중에 따쉬켄트(Ташкент)로 옮긴 학교를 따라 갔으나 폐교하자, 두샨베(Душанбе)에서 다시 예술학교를 다니면서 1953년 우수한 성적으로 졸업하였다. 이후 레닌그라드(Ленинград)의 예술 아카데미(Академия художеств)에 입학하였고, 1960년 극장미술 학위를 받고 졸업하였다. 이후 예술가로서 이 도시에 영원히 남게 된다.

레닌그라드에서 그는 아방가르드를 형성시킨 주요한 예술가였다. 하지만 그의 명성은 화가로서 보다는 작가로서 먼저 알려졌다. 그의 초기 단편들은 매우 실험적 형식을 띠고 있었고, 안드레이 비또프(Андрей Битов)의 초기 단편들에 영향을 미치기도 하였지만, 그가 쓴 단편들은 형식이 매우 독특해서 출판되기가 힘들었다. 출판되지 못한 당시의 그의 작품들은 1999년에서 2000년에 와서야 겨우 세상에 나올 수 있었다.

골랴프낀의 단편들은 괴상한 말 장난이 특징적이었고, 다양하고 교묘한 장치들이 그이 언어에 독특한 층위를 형성하였고, 그것들이 서로 교차되면서 이런 교차들이 하나의 주제를 형성하였다. 당시 출판된 단편선 "안녕, 새들아(Привет вам, птицы, 1968)"와 "하프와 복싱(Арфа и бокс, 1969)"은 비평가들에 의해 거의 언급되지 않았다.

이러한 상황에서 골랴프낀의 탈출구는 아동문학이었다. 그의 산문에 특징적인 요소들은 아동 서사에 잘 맞아 떨어졌다. 짧은 대화 속에서 단어는 이중의 삼중의 의미를 가졌고, 이것에 의해 대화의 의미가 달라지기도 했다. 이런 변화들에 의해 단편의 주제가 형성되고, 그의 단편들은 역설적인 결말을 가지게 된다. 이런 장치들에도 그의 작품들은 이런 종류의 문학에 필수적인 교훈성을 전혀 상실하지 않았다. 1958년 "모닥불(Костер)"지에 실린 "어려운 문제를 해결하는 법(Как решался сложный вопрос)"은 독창적인 작가의 탄생을 알리는 신호가 되었다. 아동작가로 그는 1961년 작가협회에 등록된다.

또한 화가로 그는 자신의 아동문학 책 대부분에 삽화를 그렸고, 1973년 예술가 협회의 회원이 된다. 골랴프낀은 자신을 화가로 먼저 생각했고, 여러 차례 전시회에도 참가하였다. 1990년 레닌그라드에서 개인 전시회를 가졌고, 러시아 박물관(Государственный русский музей)이 그의 초기작 두 점을 구입하기도 하였다. 1996년 러시아 펜클럽 회원(Член Российского ПЕН-кулба)이 되었고, 2000년에는 국제아동도서협의회(IBBY)가 러시아의 가장 훌륭한 아동문학 작가로 선정하여 안데르센상을 수여하기도 했다. 그는 2001년 7월 27일 레닌그라드에서 이름을 바꾼 뻬쩨르부르크(Петербург)에서 사망했다.

Урок

# 1 ПАРОХОД И ЛОШАДЬ

## ТЕКСТ

ПАРОХОД И ЛОШАДЬ[1]

Когда я ходил в школу, в первый класс, я любил рисовать пароходы. Я всем хвалился: вот какие замечательные пароходы я могу рисовать!

И вот однажды я спросил одного мальчишку, может ли он нарисовать большой пароход с трубами, все как полагается. Потом я подрисовал море синим карандашом, а красным карандашом – флаг на мачте, и получилось совсем хорошо: плывет по морю пароход, а на мачте у него развевается красный флаг.

Мальчишке понравился мой корабль, но он мне сказал:

– Я могу лошадь нарисовать.

И он нарисовал лошадь.

Эта лошадь была так хорошо нарисована, что я больше не хвалился своими пароходами, потому что такую лошадь я не сумел бы нарисовать никогда!

1. Голявкин

## ЛЕКСИКА

рисовать / нарисовать *кого-что*
пароход
хвалить / похвалить *кого-что*
хвалиться / похвалиться *чем*
труба
подрисовывать / подрисовать *что*

флаг
мачта
развевать / развеять
развеваться / развеяться

## КОММЕНТАРИИ

### 1. пароход 증기선을 의미한다.

증기라는 뜻의 пар와 움직임을 뜻하는 ход이 결합한 단어 형태이다. 그래서 паровоз는 증기기관차이고, 러시아 바냐에서 건네는 인사는 С легким паром! 이다.

### 2. - овать 로 끝나는 동사의 변화형

рисовать 의 현재시제 변화는 рисую, рисуешь, рисует, рисуем, рисуете, рисуют 이다. 하지만 과거시제는 рисовал, рисовала, рисовали 이다.

## 3. все 의 격변화형

| все |
|---|
| всех |
| всем |
| все / всех |
| всеми |
| всех |

## 4. спрашивать, спросить

동사는 "누구에게 무엇을 물어보다" 라는 의미로 쓰일 때 спросить кого, у кого / что, о чём 라는 구조를 가진다.

Спроси его, как туда пройти.
У кого вы можете спросить об этом?

## 5. Вот однажды я спросил одного мальчишку

мальчишка는 мальчик의 지소형이다. 남성 명사들 중에는 –а 나 –я 의 여성어미로 끝나는 것들이 있다. (мужчина, дядя, дедушка, слуга, коллега) 이 명사들의 문법적인 성은 남성이지만 격 변화할 때는 –а또는 -я로 끝나는 여성명사처럼 변화하는 특성을 갖는다. 하지만 이들 명사를 수식하는 형용사는 남성형을 쓴다.

ваш покорный слуга
верный слуга
он мой коллега

| коллега | мальчишка |
|---|---|
| коллеги | мальчишки |
| коллеге | мальчишке |
| коллегу | мальчишку |
| коллегой | мальчишкой |
| коллеге | мальчишке |

## 6. один 의 격변화형

| один |
|---|
| одного |
| одному |
| один / одного |
| одним |
| одном |

## 7. как полагается (как положено)

여기서 **полагаться** 동사는 "정해진 대로, 규정지어진 대로"라는 뜻으로 **как следует, надо**와 같은 뜻이다. 이 의미로는 3인칭으로 만 쓰이며, 부정 소사와 함께 쓰일 때는 **нельзя** 의 뜻이 된다.

Здесь курить не полагается.
Так поступать не полагается.

После прогулки мы, как полагается, пообедали, отдохнули.
Он, как положено, попрощался со всеми и уехал.

## 8. получиться (получилось), что 의 용법

Получить 에 -ся 를 붙여 파생되는 자동사 получиться 는 "~이 얻어지다", "~한 결과가 얻어지다" 라는 뜻을 가진다.

Получился ответ на письмо.
Получился кокс из каменного угля.
Результаты получились блестящие.
Посмотрим, что получится.

문장 앞에 위치해서 무인칭문으로 쓰일 때는 다음의 형태를 가진다.

Получится (получилось), что...
Получилось, что я виноват, а не ты.

## 9. так A, что B 구문

너무 A 해서 B 하다 라는 의미를 가진다.

В комнате было так темно, что ничего не было видно.

## 10. хвалить / похвалить, хвалиться / похвалиться 구문

хвалить / похвалить 는 "~를 칭찬하다" 하다라는 뜻의 동사이며, 다음의 문형구조로 많이 쓰인다.

кто + хвалить / похвалить + кого-что + за что

Учитель похвалил ученика за успехи в учёбе.
Она хвалила его за смелость.

хвалить 동사에 –ся 가 붙으면 자동사화되어 "~을 자랑하다", "스스로를 자랑하다" 라는 뜻이 된다. 자랑하는 대상은 명사 조격을 취한다.

кто + хвалиться / похвалиться + кем-чем

Он хвалится своими знаниями.
Она хвалится своими детьми.
Хвалится, что сам всё сделал.

Не хвались сам – жди, когда тебя другие похвалят.

хвалиться 동사는 хвастаться / похвастаться 와 같은 뜻이다. хвалиться 동사는 구어체에 주로 쓰이며, хвастаться 동사도 마찬가지로 조격을 요구한다.

кто + хвастаться / похвастаться + кем-чем

Девчонка хвастается перед подругами своими новыми нарядами.
Мальчик хвастается перед товарищами своей победой на соревновании.

Не хвастайся – это некрасиво!

이 동사들에서 파생한 형용사는 хвастливый 이다. 자기자랑 하기 좋아하는 사람은 хвастливый человек 이다.

## 11. рисовать / подрисовать 동사

рисовать / нарисовать + кого-что
подрисовывать / подрисовать + что

"~을 그리다" 라는 뜻의 **рисовать** 동사에 접두사 **под-** 가 붙으면, (그림이나 사진에) "~을 첨가해 넣다, 첨가해서 그리다" 라는 뜻이 된다.

Мальчик подрисовал усы на фотографии.
Я сделал розовым быка, оранжевой – дорогу. Потом над ними облака подрисовал немного.

또는 "그림을 고쳐 그리다" 라는 뜻으로 쓰인다.

Художник подрисовал немного портрет.

접두사 **под-**는 동사에 결합하여 주로 "아래에서", "아래로" 라는 방향과 관련된 동작의 완료상을 만들지만 (подложить, подставить), 여기서는 "첨가"의 뜻을 가진다 (подлить, подмешать, подсыпать).

Он подливает масла в огонь.

### ПОСЛОВИЦА

Век живи – век учись.

Урок

# 2 ПАРОВОЗИК В НЕБЕ

## ТЕКСТ ПАРОВОЗИК В НЕБЕ

Шёл Ника в школу, остановился. Стал в небо смотреть, на облака. Даже рот раскрыл, до того засмотрелся.

Плывут облака по небу. Вон одно облако, как петух. Вон другое – похоже на зайца. Третье – белый медведь бежит.

«Чудеса какие! – думает Ника. – Забавно как получается: по небу звери и птицы плывут!»

Спешат мимо ребята в школу. Только Ника пока не торопится.

Он слегка недоволен небом. Одни только звери плывут по нему. Вот если бы паровозик проплыл! Хорошо бы с вагончиками. Без вагончиков тоже неплохо. Но с вагончиками всё же лучше.

Ждёт Ника паровозик.

А его нет.

А Ника ждёт.

А паровозик всё не появляется.

Может, ещё появится?

## ЛЕКСИКА

| | |
|---|---|
| паровозик<br>засматриваться / засмотреться<br>*на кого-что.*<br>Засмотреться на красавицу,<br>на восход солнца<br>спешить / поспешить<br>мимо | торопиться / поторопиться<br>слегка<br>проплывать / проплыть<br>вагончик, вагон |

## КОММЕНТАРИИ

### 1. 복수어미가 –а(-я) 인 남성명사들

일부 남성명사들은 복수형에서 중성명사처럼 –а (-я)로 변한다. 이 경우 강세는 –а (-я)로 항상 이동한다

| | | |
|---|---|---|
| глаз – глаза□ | б**е**рег – берег**а**□ | доктор – доктора□ |
| дом – дома□ | **о**блако – облак**а**□ | учитель – учителя□ |
| снег – снега□ | вечер – вечера□ | профессор – профессора□ |
| век – века□ | город – города□ | |
| лес – леса□ | поезд – поезда□ | |

небо와 чудо의 복수형은 небеса□, чудеса□ 이다. 역시 강세가 –а 로 이동하며, 이 복수형들은 보통 시에서 사용된다.

## 2. медведь

이 단어는 매우 재미있는 뜻을 가지고 있다. 꿀 **мёд** 이 어디 있는지 아는 놈 **вед** 이라는 하나의 별명, 별칭이 이름으로 정해진 경우이다.

## 3. похож, похожа, похоже, похожи на *кого*

Мальчик похож на отца.
Ваш брат совсем не похож на вас.
На кого похожа ваша дочь – на вас или на вашу жену?

## 4. 조격을 취하는 형용사들

**довольный** (доволен, довольна, довольно)
Он доволен службой (работой, жизнью).
Зрители остались довольны спектаклем.

**полный** (полон, полна, полно)
Стакан, полный водой.

**богатый** (богат, богата, богато)
Богатая хлебом страна.
Книга, богатая мыслями.

### ПОСЛОВИЦА

Учиться никогда не поздно.

Урок 3

# КАК Я ВСЕХ ОБМАНУТЬ ХОТЕЛ

## ТЕКСТ

КАК Я ВСЕХ ОБМАНУТЬ ХОТЕЛ

Мне про это рассказывать даже не хочется. Но я всё-таки расскажу. Все думали, я и вправду больной, а флюс у меня был ненастоящий. Это я промокашку под щёку подсунул, вот щека и раздулась. И вдобавок гримасу состроил – вот, мол, как зуб у меня болит! И мычу слегка; это я всё нарочно сделал, чтоб урок не спросил. И Анна Петровна поверила мне. И ребята поверили. Все жалели меня, переживали. А я делал вид, что мне очень больно.

Анна Петровна сказала:

– Иди домой, раз у тебя так зуб болит.

Но мне домой совсем не хотелось. Языком промокашку во рту катаю и думаю: «Здорово обманул я всех!»

Вдруг Танька Ведёркина как заорёт:

– Ой, смотрите, флюс у него на другой стороне!

## ЛЕКСИКА

обманывать / обмануть *кого-что*
всё-таки
вправду
больной
флюс
настоящий
ненастоящий
промокашка = промокательная бумага
подсовывать / подсунуть *кого-что*

раздуваться / раздуться
вдобавок
Опоздал на поезд да вдобавок ещё билет потерял.
состроить *сов.*
гримаса
нарочно [ш]
переживать / пережить
орать, ору, орёшь; *несов.*
заорать, *сов.* начать орать

## КОММЕНТАРИИ

### 1. Я хочу / мне хочется 구문.

두 표현은 "~하고 싶다" 라는 뜻을 가진다. 다만, **Я хочу** 가 **мне хочется** 보다 조금 더 강한 의지를 나타낸다.

Я хочу сделать ей подарок. 나는 그녀에게 선물을 하고 싶다.
Мне хочется сделать ей подарок. 나는 그녀에게 선물을 했으면 한다.

Она не хотела работать.
Ей не хочется работать.

## 2. состроить гримасу

состроить는 строить동사의 완료형으로 제한적인 용법으로만 사용된다. 주로 얼굴의 표정을 나타내는 다음의 명사와 연결되어 "(얼굴에) ~ 한 표정을 짓다, 모습을 하다"의 뜻으로만 쓰인다.

состроить гримасу (рожу) 얼굴을 찌푸리다

Он состроил такую комическую рожу, что учитель не выдержал и расхохотался.
– Мы еще поговорим, Никита Гаврилович, – состроив самое любезное лицо, сказал он.

состроить (сделать) глазки + кому ~를 유혹하듯 쳐다보면서 교태를 부리다

Она постоянно строит ему глазки = Она постоянно кокетничает с ним.

이 용법 이외의 строить동사의 완료형은 построить이다.

## 3. делать вид, что

"어떤 모습을 만들다"라는 이 표현은 "~ 인척 하다" 라는 의미를 가지게 된다.

Я делал вид, что мне очень больно.
나는 매우 아픈 듯한 모습을 만들었다 〉 나는 매우 아픈 척 하였다.

Он сделал вид, что очень старается.
Она привыкла делать вид, что всё хорошо.

## 4. раз (= если)

본문에서의 раз는 "만약에 ~ 하다면"의 뜻으로 если 와 같은 뜻이다.

Раз обещал, сделай.
Раз сказал, приду.

– Ты, Машка, злая.
– Раз я злая, не говорите со мной. (Чехов, Три сестры)

## 5. здорово 는 강세가 오는 위치에 따라서 의미가 틀려진다.

강세가 첫 번째 О에 오면 "매우 강하게, 매우 잘하는"의 뜻이고, 강세가 두 번째 О에 오면 젊은 층에서 친구들끼리 하는 편한 인사말로 "안녕" 정도의 뜻이 된다.

здо́рово (= очень, сильно; хорошо, отлично)
здоро́во (= здравствуй)

Я здо́рово устал. 나는 매우(엄청나게) 피곤하다.
Он здо́рово сказал. 그는 매우 잘 말했다.
Вчера мне здо□рово не повезло. 어제 나는 정말 운이 없었다.

– Здоро́во, Гусев.
– Здравствуй, Антон.

## 6. как

본문에서의 как 은 의문사가 아니라 소사로서 완료형 동사의 미래형과 함께 쓰여 갑작스럽고 돌연스러운 행동을 나타낸다. "갑자기", "느닷없이", "돌연" 정도로 해석될 수 있다. 미래형을 쓰지만 과거에 일어난 동작을 의미한다는 점에 유의해야 한다.

Вдруг Танька Ведёркина как заорёт.
Она как закричит!

## ПОСЛОВИЦА

Не ошибается тот, кто ничего не делает.

Урок 4

# НЕ ВЕЗЁТ

## ТЕКСТ

Прихожу, значит, я домой из школы. В этот день я как раз двойку получил. Хожу по комнате и пою, пою себе и пою, чтоб никто не подумал, что я двойку получил. А то пристанут ещё, почему ты мрачный, почему ты задумчивый.

Отец говорит: "Чего он орёт?" А мама говорит: "У него, наверное, весёлое настроение, вот он и поёт". Отец говорит: "Наверное, пятёрку получил, вот и весело на душе человеку. Всегда весело на душе, когда какое-нибудь дело сделаешь".

Я, как это услышал, ещё больше заорал. Тогда отец говорит: "Ну ладно, Вовка, порадуй отца, покажи свой дневник".

Тут я сразу петь перестал. "Зачем?" – спрашиваю.

"Да ладно уж, – говорит отец, – показывай, чего там, я вижу, тебе очень хочется дневник показать".

Берёт он у меня дневник, видит там эту двойку и говорит: "Ты гляди, получил двойку и поёт! Этого ещё не хватало! Что он, с ума сошёл? Ну-ка, Вова, иди сюда! У тебя случайно нет температуры?" – "Нету у меня, – говорю, – никакой температуры..." Отец развёл руками и говорит: "Тогда придется тебя выдрать за это пение..."

Вот как мне не везёт!

## ЛЕКСИКА

двойка
пятёрка
приставать / пристать *к кому-чему*
К одежде пристала краска.
мрачный

задумчивый
радовать / порадовать *кого-что*
Успехи нас радуют.
хватать / хватить *кого-что / чего*

## КОММЕНТАРИИ

### 1. кому + везёт, повезло 구문

везти – возить / повезти동사는 (운송수단을 이용하여) "무엇을 운반하다, 누구를 데리고 가다" 라는 뜻이다.

Молодая женщина везла ребенка в коляске.
Курьерский поезд везёт гостей из Петербурга.

이 동사가 무인칭문으로 쓰이면, "운이 좋다"라는 의미를 가진다. 불완료형 везти의 현재시제 3인칭 단수와 완료형 повезти의 중성과거를 쓰며, 의미상의 주어는 여격을 취한다.

| **везти** |
|---|
| везу |
| везёшь |
| **везёт** |
| везём |
| везёте |
| везут |

| **повезти** |
|---|
| повез |
| повезла |
| **повезло** |
| повезли |

Мне везёт / Мне повезло.

Ему обычно везёт на экзаменах.
Нам не повезло с погодой.
В последнее время ему не везёт: потерял всё, что имел.
Вчера мне не повезло – я зашёл к другу, а его не было дома.

## 2. хватать, хватить *чего* 구문

"무엇을 빠르게 쥐다", "움켜쥐다" 라는 뜻의 хватать, хватить 동사는 무인칭 동사로 쓰이면, 생격과 함께 "~ 가 충분하다" 의 의미를 가진다. 이때 의미상의 주어는 여격이나 у кого 형태로 나타난다.

Этого ещё не хватало!
Хлеба хватит до осени.
Мне не хватило денег.
У меня хватает времени на отдых.

У него не хватает времени.
У него не хватило смелости.

Мне тебя не хватает.

## 3. сойти с ума

현명함, 지능에서 이탈하다, 벗어나다 라는 뜻의 이 구문은 "미쳤다"라는 의미를 가지게 된다.

## 4. "~ 해야만 한다"라는 뜻의 придётся, приходится 구문. 무인칭문으로 의미상의 주어는 여격을 취한다.

приходится (приходилось) + инф
придётся (пришлось) + инф

Иногда мне приходится ехать с пересадкой.
Нам придётся идти пешком.
Мне пришлось взять чужие бумаги.
Вчера Марине пришлось взять такси.

Вам не придётся долго раздумывать.
Жалеть об этом не приходится.

## КУЛЬТУРА

### 1. 러시아 학교의 성적체계 (система оценивания знаний в школе)

예전 수, 우, 미, 양, 가 로 성적을 표기했던 우리나라처럼 러시아도 전통적으로 5단계로 학생들에게 성적을 부여한다. 이런한 평가체계는 근대적 교육이 도입된 표뜨르 대제 이후인 1837년에 공식적으로 제정되었다. 1점과 2점은 낙제점(неудовлетворительные оценки)이고 3점이 최소 학점(минимальная удовлетворительная оценка) 이다. 성적상으로 3점은 나쁜 성적이고, 4점이 중간 성적이다. 최고점수인 5점은 공식명칭(официальное название)이 отлично이고, 그래서 최고성적을 받는 우수한 학생을 отличник이라고 한다.

| | | официальное название |
|---|---|---|
| 1 | единица | неудовлетворительно |
| 2 | двойка | неудовлетворительно |
| 3 | тройка | удовлетворительно / посредственно |
| 4 | четвёрка | хорошо |
| 5 | пятёрка | отлично |

## 2. Школьный дневник

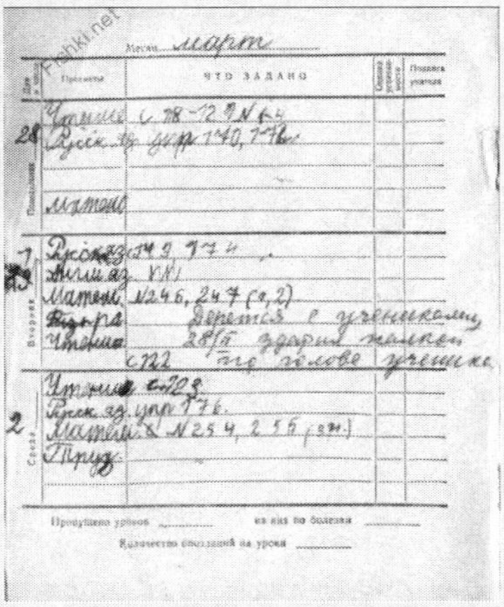


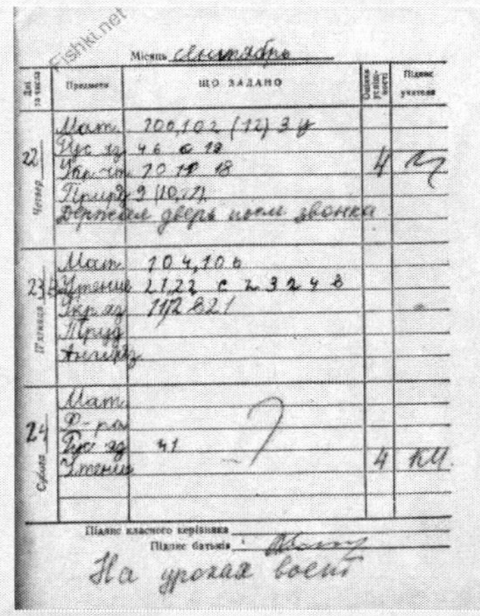


여기서의 **дневник** 일기장은 개인이 쓰는 일기장이 아니라, 학생 학업성취도를 나타내고 또 가정통신문의 기능을 함께 하는 일지로서 학교와 학부모간의 통로 역할을 한다. 사진에서 보듯이 매일의 날짜와 각 과목명이 적혀 있고, 각 과목 당 학습범위와 성적 등이 적혀있다. 이것을 보고 학부모는 다음 날의 예습범위와 그 날의 성적, 생활태도 등을 알 수 있다. 사진 속의 일지처럼 빨간 글씨로 담임교사가 부모에게 보내는 메모가 적혀 있는데, 2월 28일에 급우들과 싸웠다(**дерется с учениками**). 급우의 머리를 몽둥이로 때렸다(**ударил палкой по голове ученика**)등의 내용이다.

### ПОСЛОВИЦА

Ученье – свет, а неученье – тьма.

1. Голявкин

Урок 5

# БОЛТУНЫ

## ТЕКСТ

Сеня и его сосед по парте не заметили, как вошёл учитель. Сеня нарисовал на ладони себя и показал соседу.

– Это я, – сказал он. – Похоже?

– Нисколько, – ответил Юра, – у тебя не такие уши.

– А какие же у меня уши?

– Как у осла.

– А у тебя нос, как у бегемота.

– А у тебя голова, как еловая шишика.

– А у тебя голова, как ведро.

– А у тебя во рту зуба нет...

– А ты рыжий.

– А ты селёдка.

– А ты вуалехвост.

– А что это такое?

– Вуалехвост – и всё.

– А ты первердер...

– Это ещё что значит?

– Значит, что ты первердер.

– А ты дырбыртыр.

– А ты выртырвыр.

– А ты ррррррр...

– А ты ззззззз...

– А ты-ы! – сказал Юра и увидел рядом учителя.

– Хотел бы я знать, – спросил учитель, – кто же всё-таки вы такие?

## ЛЕКСИКА

| | |
|---|---|
| парта | ель |
| сосед по парте | еловая |
| ладонь | шишка |
| нисколько | ведро |
| осёл | рыжий |
| бегемот | селёдка |

## КОММЕНТАРИИ

### 1. нисколько

대명부사로 부정소사 не 와 함께 쓰여 “조금도 ~ 하지 않다” 라는 뜻을 나타낸다.

Нисколько не обиделся.

Вернуться к ней он не желал нисколько.

소사로 단독으로 쓰일 경우 강한 부정을 나타낸다.

Ты устал? – Нисколько.

## 2. сосед по парте

"책상을 같이 쓰는 짝"이라는 뜻이다. 이러한 어구 형성은 다음과 같다.

товарищ по школе
= товарищ, с которым учился в школе

сосед по купе
знакомый по институту
товарищ по работе

### КУЛЬТУРА

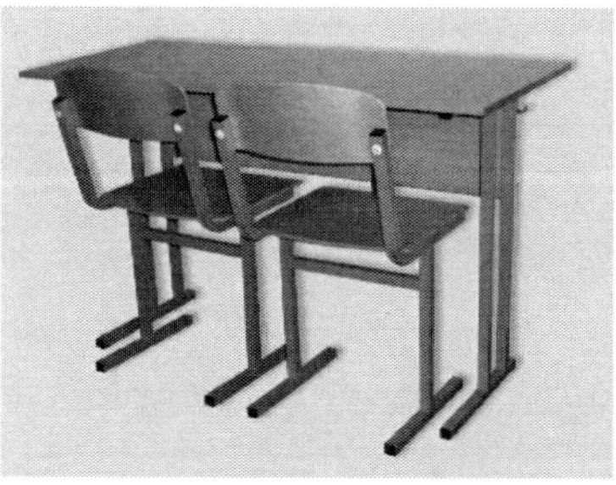

парта는 러시아 초, 중등 과정의 학교(школа) 교실에서 쓰는 책상이다. 윗면이 경사져 있고 의자도 함께 붙어있는 경우가 많다. 이 같은 전통적 의미의 парта외에도 요즘은 윗면이 편평한 парта도 많다.

### ПОСЛОВИЦА

Повторенье – мать ученья.

Урок 6

# ЗАКУТАННЫЙ МАЛЬЧИК

## ТЕКСТ

Этот мальчик был так закутан, что на него нельзя было смотреть без смеха. Поверх всего он был обмотан большим шерстяным платком. Из сплошного клубка одежды торчали лишь нос и два глаза.

– Как ты на коньках катаешься? – спросил я.

– Никак.

– И на лыжах не катаешься?

– Не катаюсь.

– Вот так и стоишь у стены без движения...

– А зачем мне движенье?

– Так ты бы лучше дома сидел.

– Я вышел воздухом подышать.

– Научить тебя на коньках кататься?

– Не надо.

– Тебе одежда мешает? Так ты разденься.

– Мне холодно будет.

– На коньках холодно не будет.

– Мне и так тепло.

– Вот чудак! Ну и стой возле стенки, только смешно смотреть на тебя. Как чучело.

– А вот и нет.

1. Голявкин

– Как же нет, когда вон ты какой смешной!

– Не смей смеяться, я тебя стукну!

– Как же ты стукнешь? Тебе и руку поднять невозможно.

Я побегал кататься.

Закутанный мальчик очень обиделся, побежал за мной, но сейчас же упал. Он встал, сделал шаг и опять упал.

– Поставьте его у стены, – сказал кто-то, – а то он так будет всё время падать.

## ЛЕКСИКА

закутанный
закутывать / закутать *кого-что*
смех
поверх
обматывать / обмотать *кого-что, чем*
шерсть
шерстяной
сплошной
клубок
торчать *несов.*
кататься, *несов. на чём*
коньки
лыжи

стукать / стукнуть *кого-что*
дышать, дышу, дышишь; *несов. чем*
Дышать нечем. (очень душно)
подышать, подышу, подышишь; *сов.*
выйти подышать свежим воздухом.
учить / научить *кого-что*, *чему* или *с инф.*
возле
обижаться / обидеться *на кого*
а то

## КОММЕНТАРИИ

### 1. кататься *на чём* “~ 을 타다” 라는 표현이다.

| | |
|---|---|
| кататься на лыжах | 스키를 타다 |
| кататься на санях | 썰매를 타다 |
| кататься на коньках | 스케이트를 타다 |
| кататься на велосипеде | 자전거를 타다 |
| кататься на лодке | 보트를 타다 |

### 2. 여격지배동사들

помогать / помочь + кому
верить / поверить + кому
мешать / помешать + кому

Он помогает моему отцу.
Она поверила мне.
Шум мешает студентам.

## ПОСЛОВИЦА

Не стыдно не знать, стыдно не учиться.

Урок 7

# МЯЧ И ЧИЖ

## ТЕКСТ

Настал первый день каникул. Вожатый и октябрята собрались в школе. Вожатый сказал:

– Мы должны позаботиться, чтобы на каникулах не было скучно.

– Сходим в музей!

– Купим мяч!

– Купим чижа!

На другой день вожатый и октябрята обсуждали вопрос о хоккейном мяче и чиже для кружка юннатов.

На третий день они не могли решить, что купить: мяч хоккейный или чижа.

На четвертый день во главе с вожатым октябрята пришли к выводу, что хоккейный мяч нужен ничуть не меньше, чем чиж.

– Мы собираемся в пятый раз, – заявил вожатый на следующий день, – у меня с головой что-то творится.

Октябрята на это ответили:

– У нас тоже головы не чугунные. Но мы должны решить этот вопрос.

И решили, что чиж – чудесная птица, но и мяч хоккейный

– хорошая штука.

На шестой день октябрята с вожатым были склонны купить хоккейный мяч, если бы не имели в виду чижа.

На седьмой день они заседали, как прежде, и вопрос стоял о мяче и чиже. Только пока еще не было ясно, что именно лучше купить.

На восьмой день вожатого не пустила мама, он переутомился и слёг в постель.

На девятый день октябрята пришли к вожатому. Он, приподнявшись с постели, сказал:

– Вопрос решён. Мы купим чижа. Каникулы завтра кончаются, хоккейный мяч уже ни к чему... тем более, что его самим можно сделать.

## ЛЕКСИКА

чиж
наставать / настать
заботиться / позаботиться *о ком-чём*
обсуждать / обсудить *что*
кружок
юннат юный и натуралист
ничуть не
штука
склонный, -ая, -ое; скло́нен, склонна́, скло́нно; *к чему или + инф.*

Я по своей натуре более склонен к оптимизму.
Мы всегда склонны идеализировать тех, кого любим.
иметь в виду
приподниматься / приподняться
слегать / слечь
ни к чему

## КОММЕНТАРИИ

### 1. наставать / настать (син. наступить)

시간, 계절의 시작을 나타내는 동사이다.

Настало утро.
Настала тишина.
Настанет счастливое время.

### 2. каникулы / отпуск

학생들의 방학은 **каникулы**이고 직장인들의 휴가는 **отпуск**를 쓴다. **каникулы**는 복수로만 쓰인다.

### 3. чиж 검은머리방울새(Carduelis spinus)

참새목 되새과의 조류로 몸길이 12.5cm, 날개길이 약 7cm, 꽁지길이 약 4~5cm이다. 머리 위가 검고 뒷목, 등, 어깨 등의 윗면은 누런 녹색 바탕에 검은색 줄무늬가 있으며, 아랫면은 노랗다. 우는 소리가 아름다워 애완용으로도 기르기도 한다.

## 4. юннат

자연탐사 동아리(кружок)를 가리키거나 그 동아리에 속한 어린이들, 구성원을 이르는 말이다. Юный натуралист의 준말이다.

## 5. собираться / собраться 구문

"모으다" 라는 뜻의 собирать, собрать동사에 –ся가 붙여진 собираться, собраться는 "모이다" 라는 자동사화된 의미를 가지게 된다.

Вожатый и октябрята собрались в школе.
Собрались все участники похода.

하지만 собираться + инф 의 형태로 쓰이면 "~ 하려고 하다", "~ 하려고 준비하다" 의 의미를 가진다.

Ты собираешься идти в отпуск?
Он собирается поступать в университет.
Я собираюсь написать об этом статью.

## 6. во главе с кем

глава는 머리를 의미하는 단어이다. 사람을 지시할 때는 지도자, 우두머리 정도로 번역할 수 있다.

이 단어가 во главе с кем 으로 쓰이면 다음과 같은 뜻과 용례를 가진다.

1) 제일 앞서 가는 사람을 지칭할 때

Мы сдали пальто и во главе с Леонидом Павловичем стали подниматься по лестнице.

2) 어떤 그룹의 우두머리, 지도자를 명시할 때

В совещании принимает участие российская делегация во главе с министром культуры.

## 7. ни к чему

"~ 할 이유, 필요가 없다" 라는 의미로 незачем과 동의어이다.

Ни к чему с судьбою спорить.
Он объяснял, да мне ни к чему.
Хоккейный мяч уже ни к чему...

Мне ни к чему одические рати
И прелесть элегических затей.
По мне, в стихах все быть должно некстати,
Не так, как у людей.
– Анна Ахматова, 1940.

Нам ни к чему сюжеты и интриги, –
Про все мы знаем, что ты нам ни дашь.
Я, например, на свете лучшей книгой
Считаю кодекс уголовный наш.
– Владимир Высоцкий, 1962.

## КУЛЬТУРА

### 1. Октябрята (Октябрёнок)

10월 어린이단(**октябрята**)은 소년단(**пионеры**)의 하부조직으로, 초등학교 1학년에 입학한 7세부터 소년단에 들어가는 9세까지의 어린 학생들을 대상으로 하였다. 붉은 별 모양의 뱃지(**красная звездочка**)를 가슴에 달았으며, 소년단원들이 그들을 이끄는 인솔자, 리더(**вожатый**)가 되어 통솔하였다. 9세가 되면 소년단원에 가입하여, 소년단원의 대표적인 상징물인 붉은 스카프(**красный галстук**)를 맬 수 있었다. 소년단원은 이후 청년기에 이르면 공산주의청년동맹(**Комсомол, Коммунистический Союз Молодежи**)에 가입하여 공산주의청년동맹원(**комсомольцы**)이 되었다. 예전 소련시기에는 공산주의청년동맹원이라는 것이 직업이나 사회생활에 매우 중요한 역할을 하였다.

아동 조직에 10월 어린이단(**октябрята**)이라는 명칭이 붙은 이유는 **1923-24**년 이 조직이 처음 생겨날 때 들어온 아동들이 10월 혁명과 나이가 같았기 때문이다.

Октябрята

Значок октябрёнка

Пионеры

## 2. мяч хоккейный / шайба

우리가 늘 보던 아이스하키는 퍽(**шайба**)이라는 검은 색의 납작하게 생긴 경화고무를 사용한다. 하지만 러시아에서는 얼음판 위에서 스케이트를 신고 경기하지만 필드하키처럼 둥근 공을 사용하는 하키가 따로 있다. 경기장도 퍽을 쓰는 아이스하키장 보다 훨씬 크고, 축구처럼 11명이 경기하며, 경기시간도 전,후반 45분씩이다. 선수들은 스틱으로 공을 다루지만, 골키퍼는 스틱을 쓰지않고 손으로 공을 막는다. 이 두 하키를 구별해주기 위해서 퍽을 쓰는 하키를 **хоккей с шайбой**, 공을 쓰는 하키를 **хоккей с мячом**이라고 부른다. **хоккей с мячом**은 **русский хоккей**라고도 한다.

### ПОСЛОВИЦА

Где много слов – там мало дела.

II

# Николай Николаевич Носов
# (1908–1976)

## АВТОР

니꼴라이 니꼴라예비치 노소프는 1908년 끼예프(Киев)의 연극 배우 집안에서 태어났다. 1927-1929년 끼예프 예술대학(Киевский художественный институт)에서 공부하였으며, 모스크바 영화 대학((Московский институт кинематографии)으로 옮겨 1932년 졸업하였다.

그는 1932년부터 1951년까지 만화영화 및 공상과학영화의 감독과 연출자로 활동하였다. 1945년에는 "고안자(Затейники)", "살아있는 모자(Живая шляпа)", "오이(Огурцы)" 등의 단편 소설들을 출판하였다. 노소프는 아동문학에 새로운 주인공을 등장시켰다. 예를 들면, 순진하고 건강한 사고를 지녔지만 개구지고 지식욕이 풍부하면서 침착하지 못하고, 평범치 않은 상황, 조금은 코미디 같은 상황에서 언제나 활동에 목마른 활기찬 인물들이 그의 주인공들이 되었다.

특히, "즐거운 가족(Весёлая семейка, 1949)", "꼴랴 시니찐의 일기(Дневник Коли Синицына, 1950)", "학교와 집에서의 비짜 말레예프(Витя Малеев в школе и дома, 1951)"와 같은 소년 소녀들을 위한 중편소설들은 폭넓은 독자들의 애정과 대중성을 갖은 작품이다. 하지만, 독자들의 큰 사랑을 받고 그에게 유명세를 가져다 준 작품은 "아무것도 모르는 아이(Незнайка)"에 관한 옛날 이야기이다.

그밖에 그의 작품에는 많은 문학의 진부함을 비웃은 풍자 문학집 "아이러니한 유머레스크(Иронические юморески, 1969)"가 있고, 작가의 자서전적 작품으로는 할아버지와 손자의 삶을 일기 형식으로 쓴 "나의 친구 이고리에 대한 이야기(Повесть о моём друге Игоре, 1971-1972)"와 회상 이야기인 "우물바닥의 비밀(Тайна на дне колодца, 1977)"이 있다. 그는 1976년 모스크바에서 생을 마쳤다.

Урок 1

# ЛЕДЕНЕЦ

## ТЕКСТ

Мама уходила из дому и сказала Мише:

– Я ухожу, Мишенька, а ты веди себя хорошо. Не шали без меня и ничего не трогай. За это подарю тебе большой красный леденец.

Мама ушла. Миша сначала вёл себя хорошо: не шалил и ничего не трогал. Потом он только подставил к буфету стул, залез на него и открыл у буфета дверцы. Стоит и смотрит в буфет, а сам думает:

«Я ведь ничего не трогаю, только смотрю».

А в буфете стояла сахарница. Он взял её и поставил на стол.

«Я только посмотрю, а ничего трогать не буду», – думает.

Открыл крышку, видит – там что-то красное сверху.

– Э, – говорит Миша, – да это ведь леденец. Наверно, как раз тот самый, который мне обещала мама.

Он запустил в сахарницу руку и вытащил леденец.

– Ого, – говорит, – большущий! И сладкий, должно быть.

Миша лизнул его и думает:

«Пососу немножко и положу обратно».

И стал сосать. Пососёт, пососёт и посмотрит, много ли ещё

осталось. И всё ему кажется много. Наконец леденец стал совсем маленький, со спичку. Тогда Мишенька положил его обратно в сахарницу. Стоит, пальцы облизывает, смотрит на леденец, а сам думает:

«Съем я его совсем. Всё равно мне мама отдаст. Ведь я хорошо себя веду: не шалю и ничего такого не делаю».

Миша достал леденец, сунул в рот, а сахарницу хотел на место поставить. Взял её, а она прилипла к рукам – и бух на пол! Разбилась на две половинки. Сахар рассыпался.

Мишенька испугался:

«Что теперь мама скажет!»

Взял он две половинки и прислонил друг к дружке. Они ничего, держатся. Даже незаметно, что сахарница разбита. Он сложил сахар обратно, накрыл крышкой и осторожно поставил в буфет.

Наконец мама приходит:

– Ну, как ты себя вёл?

– Хорошо.

– Вот умница! Получай леденец.

Мама открыла буфет, взяла сахарницу... Ах!.. Сахарница развалилась, сахар посыпался на пол.

– Что же это такое? Кто сахарницу разбил?

– Это не я. Это она сама...

– Ах, сама разбилась! Ну, это понятно. А леденец-то куда девался?

– Леденец... леденец... Я его съел. Я себя вёл хорошо, ну и съел его. Вот...

## ЛЕКСИКА

шалить, *несов.*
шалун
трогать / тронуть *кого-что*
вести себя
буфет
подставлять / подставить *кого-что*
залезать / залезть *на что*, *во что*
дверца
крышка
леденец
как раз
сахарница
запускать / запустить
запустить руки, пальцы, когти во что
запустить руку в чужой карман.
большущий = очень большой
лизать / лизнуть, *однокр.*
вытаскивать / вытащить *кого-что*
сосать, *несов.*
пососать, *сов.* по+сосать
облизывать / облизать
Пальчики оближешь.
прилипать / прилипнуть *к кому-чему*
бух
прислоняться / прислониться
Прислонить лестницу к стене.
Прислонить стол к стене.
разваливаться / развалиться

## КОММЕНТАРИИ

### 1. из дома / из дому

дом 명사에는 дома와 дому 두 가지 종류의 생격이 존재한다.

дом이 건물을 의미할 때는 **в доме, в дом, из до́ма** 로 쓰이며, 가정을 뜻할 때는 **дома, домой, и́з дому** 로 쓰인다. 이때 강세는 전치사 **из** 에 있다는 점

을 유의해야 한다.

Дорогая, я вышел сегодня из дому поздно вечером
подышать свежим воздухом, веющим с океана.
(Иосиф Бродский, 1989)

Однажды я в детстве из дому ушел,
на поезд я влез как на небо.
(Александр Дольский)

러시아어에는 이렇게 두 가지 생격(-а, -у)을 가지는 단어들이 있다. 아래의 단어들은 사물의 수량이나 부분을 나타낼 때 단수 생격에서 어미가 –у (-ю)가 된다.

чай, коньяк, сахар, мед, изюм, хворост

стакан чаю, кусок сахару, килограмм меду, ложка коньяку
купить сахару, меду
выпить чаю
набрать хворосту

## 2. вести себя *как*

"행동하다"라는 뜻의 표현이다. "어떻게 행동하다"라는 구문으로 주로 쓰이기 때문에 행동의 상태나 평가를 나타내는 부사와 같이 쓰이는 경우가 많다.

Вести себя хорошо / корректно / плохо / неприлично

Выжившие сказали, что водитель вел себя странно.
Как мне вести себя с ней на первом свидании?

## 3. самый의 용법

1) "바로 그"의 의미로 тот, та, те 와 함께 사용된다.

Это та самая книга, о которой я тебе говорил.

2) 시간과 장소의 명사와 함께 쓰여 시간과 장소의 극한을 나타내주고, 정확하게 한다.

Дождь шёл с самого утра.
Он приехал в самом начале апреля.

Магазин находится в самом центре Москвы.
Дорога шла по самому краю обрыва.

3) 형용사 최상급을 만든다.

Покажите, пожалуйста, самые маленькие часы.
Это был самый интересный фильм в этом году.

## КУЛЬТУРА

Буфет은 프랑스어 buffet에서 온 단어로 원래는 간단한 음식이나 음료를 판매하던 식탁이나 카운터를 의미한다. 그러다 극장이나 역 같은 곳의 간이 식당, 매점을 뜻하게 되었다. 러시아어로 закусочная와 거의 비슷한 의미이다. закусочная는 закуска를 파는 곳이란 뜻이다. 그래서 закусить는 간단하게 요기하다 라는 의미가 된다.

Лучше один раз хорошо поесть, чем весь день перекусывать! 러시아의 한 식당 광고문구이다. 여기서 есть동사와 закусить, перекусить동사간의 의미의 차이를 확연히 알 수 있다.

Буфет은 식기나 식료품들을 보관하는 찬장을 의미하기도 한다.

Урок

# 2 ЖИВАЯ ШЛЯПА

## ТЕКСТ

Шляпа лежала на комоде, котёнок Васька сидел на полу возле комода, а Вовка и Вадик сидели за столом и раскрашивали картинки. Вдруг позади них что-то плюхнулось – упало на пол. Они обернулись и увидели на полу возле комода шляпу.

Вовка подошёл к комоду, нагнулся, хотел поднять шляпу – и вдруг как закричит:

- Ай-ай-ай! – и бегом в сторону.
- Чего ты? – спрашивает Вадик.
- Она жи-жи-живая!
- Кто живая?
- Шля-шля-шля-па.
- Что ты! Разве шляпы бывают живые?
- По-посмотри сам!

Вадик подошёл поближе и стал смотреть на шляпу. Вдруг шляпа поползла прямо к нему. Он как закричит:

- Ай! – и прыг на диван.

Вовка за ним.

Шляпа вылезла на середину комнаты и остановилась. Ребята смотрят на неё и трясутся от страха. Тут шляпа повернулась и поползла к дивану.

- Ай! Ой! – закричали ребята.

Соскочили с дивана – и бегом из комнаты. Прибежали на кухню и дверь за собой закрыли.

- Я у-у-хо-хо-жу! – говорит Вовка.

- Куда?

- Пойду к себе домой.

- Почему?

- Шляпы бо-боюсь! Я первый раз вижу, чтоб шляпа по комнате ходила.

- А может быть, её кто-нибудь за верёвочку дёргает?

- Ну, пойди посмотри.

- Пойдём вместе. Я возьму кочергу. Если она к нам полезет, я её кочергой тресну.

- Постой, я тоже кочергу возьму.

- Да у нас другой кочерги нет.

- Ну, я возьму лыжную палку.

Они взяли кочергу и лыжную палку, приоткрыли дверь и заглянули в комнату.

- Где же она? – спрашивает Вадик.

- Вон там, возле стола.

- Сейчас я её как тресну кочергой! – говорит Вадик. – Пусть только подлезет ближе, бродяга такая!

Но шляпа лежала возле стола и не двигалась.

- Ага, испугалась! – обрадовались ребята. – Боится лезть к нам.

- Сейчас я её спугну, – сказал Вадик.

Он стал стучать по полу кочергой и кричать:

- Эй, ты, шляпа!

Но шляпа не двигалась.

- Давай наберём картошки и будем в неё картошкой стрелять, – предложил Вовка.

Они вернулись на кухню, набрали из корзины картошки и

стали швырять её в шляпу.

Швыряли, швыряли, наконец Вадик попал.

Шляпа как подскочит кверху!

- Мяу! – закричало что-то.

Глядь, из-под шляпы высунулся серый хвост, потом лапа, а потом и сам котёнок выскочил.

- Васька! – обрадовались ребята.

- Наверно, он сидел на полу, а шляпа на него с комода упала, – догадался Вовка.

Вадик схватил Ваську и давай его обнимать:

- Васька, миленький, как же ты под шляпу попал?

Но Васька ничего не ответил. Он только фыркал и жмурился от света.

## ЛЕКСИКА

шляпа
лежать, *несов.*
раскрашивать / раскрасить *что*
красить, *несов.*
краска
позади
плюхаться / плюхнуться
плюхать / плюхнуть
падать / упасть
оборачиваться / обернуться

нагибаться / нагнуться
трястись, *несов.*
повернуться / поворачиваться
поворот
дёргать / дернуть *кого-что*
верёвочка, верёвка
кочерга
трещать, *несов.*
треск

## КОММЕНТАРИИ

### 1. лежать

"누워있다" 라는 뜻의 자동사로서 사물의 상태를 나타낸다. 불완료형이다.

Ее книги лежат на столе.

класть / положить

"눕히다, 놓다" 라는 뜻의 타동사이다. 사물을 눕힌 자세, 평형된 상태로 놓는 동작을 의미한다. 세워진 상태로 놓는 동작은 ставить / поставить 동사가 쓰인다.

Она положила книги на стол.

### 2. бояться *кого-чего* и + *инф*

"두려워하다", "무서워하다"라는 뜻의 бояться 동사는 두려움의 대상이나 행동으로 생격이나 동사원형을 요구한다.

Я боюсь грозы.
Я боюсь опоздать.
Он боится простуды.
Он боится простудиться.

Он боится собственного тени.

다음의 동사들도 생격을 요구한다.

избегать / избежать встречи

| | |
|---|---|
| лишаться / лишиться | поддержки |
| пугаться / испугаться | шума |
| опасаться | осложнения |
| остерегаться | простуды |
| стыдиться | ошибки |

이 동사들의 경우도 생격이 되는 명사는 두려워하거나, 피하고 싶거나, 또는 멀리 하고픈 사물을 의미하는 명사이다.

Ребёнок испугался собаки.
Он стыдится этой неудачи.
Она почему-то избегает встречи с нами.

## 3. давай의 용법

여기서 **Давай**는 동사가 아니라 소사로 쓰이는 것으로 불완료형 동사와 결합하여서 그 동사가 의미하는 행동의 시작을 나타낸다. **начал**이나 **стал**로 바꾸어 생각하면 된다.

Вадик схватил Ваську и давай его обнимать.

Он испугался и давай кричать.
(Он испугался и начал кричать)

## КУЛЬТУРА

### 1. 러시아 남자 이름의 애칭체계

러시아를 전공하지 않은 일반독자들이 러시아문학작품을 읽을 때 가장 힘든 점으로 꼽는 것은 바로 러시아인들의 복잡한 이름 체계와 애칭체계이다. 대표적인 작품 "죄와 벌"을 읽을 때 주인공인 라스꼴리니꼬프(Раскольников)가 어쩔 때는 로지온 로마노비치(Родион Романович)로 불리다가, 또 어쩔 때는 로쟈(Родя)로 호칭되어지는 것은 사실 러시아 이름 체계에 대한 기본 지식이 없으면 이해하기가 힘들다.

게다가 러시아 이름은 또한 매우 다양한 애칭을 단계별로 가지고 있다. 이 애칭들은 단계별로 관계의 정도나 친밀도를 표시한다. 표의 오른쪽으로 갈수록 더 격의 없고, 더 유아적인 애칭이라고 생각하면 되겠다.

| Полное имя | уменьшительная форма | Ласкательная форма | Неформально-разговорная форма |
|---|---|---|---|
| Александр | Саша | Сашенька | Сашка |
| Алексей | Алёша | Алёшенька | Алёшка |
| Андрей | Андрюша | Андрюшенька | Андрюшка |
| Вадим | Вадик, Вадя |Ваденька | Вадька |
| Василий | Вася | Васенька | Васька |
| Виктор | Витя | Витенька | Витька |
| Владимир | Володя, Вова | Володенька | Вовка |
| Дмитрий | Дима, Митя | Димочка, Митенька | Димка, Митька |
| Иван | Ваня | Ванечка | Ванька |
| Константин | Костя | Костенька | Костька |

| Михаил | Миша | Мишенька | Мишка |
|---|---|---|---|
| Никита | Ника | Никитушка | Никитка |
| Ростислав | Слава | Славик | Славка |
| Родион | Родя | Роденька | Родька |
| Юрий | Юря | Юрочка | Юрка |

## 2. 동물들의 별칭들

러시아어에는 동물들을 마치 사람이름처럼 별칭으로 부르기도 한다. 본문에 두 주인공 소년들이 고양이를 Васька라고 부른다. Васька는 Василий의 애칭이기도 하지만, 고양이를 부르는 별칭이기도 하다.

| Животное | Кличка |
|---|---|
| Лошадь | Гнедко, Воронок |
| Свинья | Хавронья |
| Медведь | Миша |
| Кот | Васька |
| Петух | Петя, Петушок |

1980년에 개최된 모스크바 올림픽의 상징물은 곰돌이 미샤(Миша)였다.

Урок

# 3 ПРЯТКИ

## ТЕКСТ

Витя и Славик – соседи. Они всегда ходят друг к другу в гости. Вот раз Витя пришёл в гости к Славику. Славик ему говорит:

- Давай играть в прятки!

- Давай, – согласился Витя. – Чур, я первый буду прятаться!

- Ну ладно, а я буду водить, – сказал Славик и пошёл в коридор.

Витя побежал в комнату, залез под кровати и кричит:

- Готово!

Славик пришёл, заглянул под кровать и сразу нашёл его. Витя вылез из-под кровати и говорит:

- Это неправильно! Я плохо спрятался! Если б я хорошо спрятался, ты не нашёл бы меня. Я перепрячусь.

- Ну, пожалуйста, перепрятывайся, – согласился Славик и снова пошёл в коридор.

Витя побежал во двор и стал искать, где бы спрятаться. Смотрит – возле сарая собачья конура стоит, а в ней Бобик сидит.

Он поскорей выгнал из конуры Бобика сам залез на его место и снова кричит:

- Готово!

Славик вышел во двор и стал искать Витю. Искал, искал, никак не может найти.

А Вите надоело в конуре сидеть, он и начал выглядывать из неё.

Тут Славик увидел его и закричал:

- А, вот ты куда забрался! Вылезай!

Витя вылез из конуры и говорит:

- Это неправильно! Это не ты меня нашёл. Я сам выглянул.

- Зачем же ты выглянул?

- Мне надоело в конуре скрюченным сидеть. Если б я не был скрюченный, ты не нашёл бы меня. Я перепрячусь.

- Нет, теперь уж моя очередь прятаться, – говорит Славик.

- Ну, тогда я совсем не буду играть! – обиделся Витя.

- Ладно, перепрятывайся, раз ты такой, – согласился Славик.

Витя побежал в комнату, закрыл дверь, а забрался за вешалку и спрятался под пальто. Славик снова пошёл его искать. Он открыл дверь, а Бобик шмыгнул в неё, подбежал прямо к вешалке и стал ласкаться к Вите. Витя рассердился и начал отталкивать Бобика ногой. Славик увидел и закрычал:

- А, вот ты где! За вешалкой! Вылезай!

Витя вылез и говорит:

- Это неправильно! Ты меня не нашёл! Это Бобик меня нашёл. Я перепрячусь.

- Что же это такое! – говорит Славик. – Ты всё время прячешься, а я кажый раз должен искать.

- Вот найди меня ещё раз, тогда ты будешь прятаться, – сказал Витя.

Славик снова зажмурил глаза, а Витя побежал на кухню, вытащил из посудного шкафчика всю посуду, сам залез в шкафчик и кричит:

- Готово!

Славик пошёл на кухню, видит – из шкафчика вся посуда

вытащена, и сразу догадался, где Витя. Он потихоньку подкрался к шкафу, запер его на крючок, а сам побежал во двор и стал играть с Бобиком в прятки.

Спрячется, а Бобик его ищет.

«Вот хорошо! – думает Славик. – с Бобиком гораздо лучше играть, чем с Витей».

А Витя сидел в шкафчике, сидел, ему и надоело.

Он хотел вылезти, а дверца не открывается. Он испугался и давай кричать:

- Славик! Славик!

Славик услышал и прибежал.

- Выпусти меня отсюда! – закричал Витя. – Дверца почему-то не открывается.

- А будешь меня искать, тогда выпущу.

- Зачем же мне тебя искать, раз ты не нашёл меня.

- Я ведь нашёл.

- Это не ты меня нашёл! Я сам закричал. Если б я не закричал, ты не нашёл бы!

- Ну и сиди себе в шкафчике, а я пойду гулять, – говорит Славик.

- Не имеешь права! – закричал Витя. – Это не по-товарищески!

- А разве по-таварищески – заставлять меня всё искать?

- По-товарищески.

- Ну, тогда сиди в шкафу до самого вечера.

- Ладно, буду теперь тебя искать, только выпусти, – стал просить Витя.

Славик откинул крючок. Витя вылез из шкафа, увидел крючок и говорит:

Это ты нарочно запер меня? Не буду за это тебя искать!

И не надо, – говорит Славик. – Я лучше с Бобиком буду играть.

А разве Бобик умеет искать?

Ого! Ещё даже лучше тебя!

Ну, давай тогда вместе от Бобика прятаться.

Витя и Славик пошли во двор и стали прятаться от Бобика. Бобик хорошо умел в прятки играть, только глаза зажмуривать не умел.

## ЛЕКСИКА

прятки, ток, *ед. нет*
играть в прятки
прятать / спрятать *кого-что*
прятаться / спрятаться
чур
конура

собачий, собачья, собачье. *прил. к* собака
собачий лай, собачья конура
никак
Я никак не ожидал такого происшествия.

## КОММЕНТАРИИ

### 1. ходить в гости 구문

"손님으로 가다"라는 뜻의 구문이다. 동작의 의미이며 "손님으로 가있다"라는 상태의 의미는 **быть в гостях** 가 쓰인다. "손님으로 갔다가 돌아오다"라는 뜻은 **вернуться из гостей** 를 쓴다. 세 구문 모두 **гость**의 복수형을 쓰는 점에 유의하여야 한다.

ходить в гости – ходить в гости к друзьям
быть в гостях – быть в гостях у друзей
вернуться из гостей

В гостях хорошо, а дома лучше.

III

# Виктор Юзефович Драгунский
# (1913-1972)

## ДЕНИСКИНЫ РАССКАЗЫ

## АВТОР

빅또르 유제포비치 드라군스끼는 1913년 11월 30일 뉴욕에서 태어났다. 그의 부모들은 보다 나은 삶을 위해 러시아에서 뉴욕으로 이주한 이민자였다. 그러나 그가 태어난 지 얼마 되지 않아 1914년 조국으로 돌아와 벨라루시의 한도시인 고멜(Гомель)에 정착한다. 여기서 그는 유년시절을 보낸다. 전쟁 중 그의 아버지는 티푸스로 사망한다. 인민위원이었던 그의 계부 보이쩨호비치(И. Войцехович)도 1920년 사망하고, 1922년 유태인 극장의 배우인 미하일 루빈(Михаил Рубин)이 두 번째 계부가 된다. 그의 아버지와 두 명의 계부는 드라군스끼의 인격형성에 많은 영향을 주었다. 그의 가족은 루빈과 함께 전 러시아를 돌아다니다, 1925년 모스크바에 이주하게 된다. 하지만 미하일 루빈은 어느 날 공연을 떠났다가 돌아오지 않았다. 그에게 무슨 일이 있었는지는 지금도 알려지지 않고 있다.

그래서 빅또르 드라군스끼는 생계를 유지하기 위해 일찍부터 일을 해야만 했다. 그 와중에도 1930년 안드레이 지끼(Андрей Дикий)의 문학 연극 스튜디오를 다니기 시작했고, 1935년에는 현 고골 극장(Театр им. Н.В. Гоголя)의 전신인 운송 극장(Театр транспорта)에서 배우로서 무대에 서기 시작한다. 그 후, 그는 문학 연극 풍자 앙상블인 "파랑새(Синяя птичка, 1948-1958)"를 조직하여 이끌게 된다. "파랑새"의 상연을 위해 그는 류드밀라 다비도비치(Людмила Давидович)와 함께 대본과 노래를 쓰게 되었는데 이후 이 대본들은 매우 유명해졌고, 무대에 올려져 제 2의 생명을 얻게 되었다.

1940년부터 그는 풍자 칼럼과 유머스러운 단편들을 쓰기 시작했다. 또한 서커스 대본, 막간극, 풍자가를 쓰면서 자신의 재능을 발휘하게 된다.

1959년부터 드라군스끼는 제니스 까라블료프(Денис Кораблёв)라는 인물을 통해 "제니스의 이야기들(Денискины рассказы)"이라는 유쾌하고 즐거운 단편들을 쓰게 된다. 이 단편들을 모티프로 해서 “제니스 까라블료프의 놀라운 모험(Удивительные приключения Дениса Кораблёва, 1979)”, “이것이 보이는 곳, 들리는 곳(Где это видано, где это слыхано, 1973)”, “함장(Капитан, 1973)”, “부속건물에서의 화재(Пожар во флигеле, 1973)”, “망원경(Подзорная труба, 1973)” 같은 많은 영화들이 제작 되었고, 이 단편들은 드라군스끼에게 엄청난 유명세를 안겨 주었다. 1960-70년대에 이 이야기들 시리즈는 엄청난 부수로 출판되었다.

빅또르 드라군스끼는 모스크바 근교의 다차에서 생의 대부분의 시간을 보내다가 1972년 6월 잠시 들른 모스크바에서 생을 마쳤다.

Урок

# 1 ЧТО ЛЮБИТ МИШКА

## ТЕКСТ

Один раз я и Мишка вошли в зал, где у нас бывают уроки пения. Борис Сергеевич сидел и что-то тихо играл на рояле.

Мы сели и не стали ему мешать, да он нас и не заметил, а продолжал себе играть, и мы слушали что-то очень приветливое и радостное. Мне очень понравилось, и я бы мог долго так сидеть и слушать, но Борис Сергеевич скоро кончил играть. Он закрыл рояль, и увидел нас и сказал:

– О! Какие люди! Сидят, как два воробья на дереве! Ну, так что скажете?

Я спросил:

– Это вы что играли, Борис Сергеевич?

Он ответил:

– Это Шопен. Я его очень люблю.

Я сказал:

– Конечно, вы учитель пения, поэтому вы и любите песенки.

Он сказал:

– Это не песенка. Хотя я и песенки люблю, но это не песенка. То, что я играл, называется большим словом, чем просто песенка.

Я сказал:

– Какое же это слово?

Он серьёзно и ясно ответил:

– Му-зы-ка. Шопен – великий композитор. Музыка у него чудесная А я люблю музыку больше всего на свете.

Тут он посмотрел на меня внимательно и сказал:

– Ну, а ты что любишь? Больше всего на свете?

Я ответил:

– Я много чего люблю.

И я рассказал ему, что я люблю. Это были и собаки, и слоны, и красные кавалеристы, и древние воины, и прохладные звёзды, и лошади, и всё, всё...

Он слушал меня внимательно, у него было задумчивое лицо, когда он слушал, а потом он сказал:

– А я и не знал. Ты ведь ещё маленький, а любишь так много! Целый мир!

В это время Мишка сказал:

– А я ещё больше люблю, чем он.

Борис Сергеевич засмеялся:

– Очень интересно! Что же ты любишь?

Мишка сказал:

– Я люблю булки, батоны и кекс! Я люблю хлеб, и торт, и пирожные, и пряники. Сушки тоже люблю, и пирожки. Я люблю печенье. Колбасу люблю. Очень люблю рыбу, макароны, сыр. Ещё люблю яблоки, котлеты, суп, мясо, конфеты, сахар, чай, яйца, мороженное...

Но тут Борис Сергеевич сказал:

– Ну, что ж, Миша, ты многое любишь. Но всё, что ты любишь, съедобное. Получается, что ты любишь целый продуктовый магазин и только... А люди? Кого ты любишь? Или животные?

Тут Мишка весь покраснел.

– Ой, – сказал он смущённо. – Чуть не забыл: ещё – котят! И бабушку!

## ЛЕКСИКА

приветливый
радостный
воробей, -бья, -бью, воробьи мн.
композитор
внимательно
внимание
кавалерист
лань
воин
прохладный
засмеяться, *сов.* начать смеяться
булка
батон
кекс
торт
пирожное
пряник
сушка
пирожок
макарон
котлета
конфета
мороженное
съедобный
продукт
продуктовый
животное
краснеть / покраснеть
смущённый
котёнок, котята

## КОММЕНТАРИИ

### 1. приветливое, радостное

Мы слушали что-то очень приветливое и радостное.
형용사 중성형태는 추상명사화되어 추상적 의미를 나타낼 때가 있다.

## АКТИВНАЯ ЛЕКСИКА

замечать / заметить +кого, +что
Она шла, никого и ничего не замечая.
Извините! Я вас не заметил!
Молодой человек заметил в толпе студентов красивую девушку.

заметить + кому + что
Председатель заметил докладчику, что его время истекло.
> замечание

Урок

# 2 ОН ЖИВОЙ И СВЕТИТСЯ...

## ТЕКСТ

Однажды вечером я сидел во дворе, возле песка, и ждал маму. Она, наверно, задерживалась в институте, или в магазине, или, может быть, долго стояла на автобусной остановке. Не знаю. Только все родители нашего двора уже пришли, и все ребята пошли с ними по домам и уже, наверно, пили чай с бубликами и брынзой, а моей мамы все еще не было...

И вот уже стали зажигаться в окнах огоньки, и радио заиграло музыку, и в небе задвигались темные облака – они были похожи на бородатых стариков...

И мне захотелось есть, а мамы все не было, и я подумал, что, если бы я знал, что моя мама хочет есть и ждет меня где-то на краю света, я бы моментально к ней побежал, а не опаздывал бы и не заставлял ее сидеть на песке и скучать.

И в это время во двор вышел Мишка. Он сказал:

- ЗдорОво!

И я сказал:

- ЗдорОво!

Мишка сел со мной и взял в руки самосвал.

- Ого! – сказал Мишка. – Где достал? А он сам набирает

песок? Не сам? А сам сваливает? Да? А ручка? Для чего она? Ее можно вертеть? Да? А? Ого! Дашь мне его домой?

Я сказал:

- Нет, не дам. Подарок. Папа подарил перед отъездом.

Мишка надулся и отодвинулся от меня. На дворе стало еще темнее.

Я смотрел на ворота, чтоб не пропустить, когда придет мама. Но она все не шла. Видно, встретила тетю Розу, и они стоят и разговаривают и даже не думают про меня. Я лег на песок.

Тут Мишка говорит:

- Не дашь самосвал?

- Отвяжись, Мишка.

Тогда Мишка говорит:

- Я тебе за него могу дать одну Гватемалу и два Барбадоса!

Я говорю:

- Сравнил Барбадос с самосвалом...

А Мишка:

- Ну, хочешь, я дам тебе плавательный круг?

Я говорю:

- Он у тебя лопнутый.

А Мишка:

- Ты его заклеишь!

Я даже рассердился:

- А плавать где? В ванной? По вторникам?

И Мишка опять надулся. А потом говорит:

- Ну, была не была! Знай мою доброту! На!

И он протянул мне коробочку от спичек. Я взял ее в руки.

- Ты открой ее, – сказал Мишка, – тогда увидишь!

Я открыл коробочку и сперва ничего не увидел, а потом увидел маленький светло-зеленый огонек, как будто где-то далеко-далеко от меня горела крошечная звездочка, и в то же время я сам держал ее сейчас в руках.

- Что это, Мишка, – сказал я шепотом, – что это такое?

- Это светлячок, – сказал Мишка. – Что, хорош? Он живой, не думай.

- Мишка, – сказал я, – бери мой самосвал, хочешь? Навсегда бери, насовсем! А мне отдай эту звездочку, я ее домой возьму...

И Мишка схватил мой самосвал и побежал домой. А я остался со своим светлячком, глядел на него, глядел и никак не мог наглядеться: какой он зеленый, словно в сказке, и как он хоть и близко, на ладони, а светит, словно издалека... И я не мог ровно дышать, и я слышал, как стучит мое сердце, и чуть-чуть кололо в носу, как будто хотелось плакать.

И я долго так сидел, очень долго. И никого не было вокруг. И я забыл про всех на белом свете.

Но тут пришла мама, и я очень обрадовался, и мы пошли домой. А когда стали пить чай с бубликами и брынзой, мама спросила:

- Ну, как твой самосвал?

А я сказал:

- Я, мама, променял его.

Мама сказала:

- Интересно! А на что?

Я ответил:

- На светлячка! Вот он, в коробочке живет. Погаси-ка свет!

И мама погасила свет, и в комнате стало темно, и мы стали вдвоем смотреть на бледно-зеленую звездочку.

Потом мама зажгла свет.

- Да, – сказала она, – это волшебство! Но все-таки как ты решился отдать такую ценную вещь, как самосвал, за этого червячка?

- Я так долго ждал тебя, – сказал я, – и мне было так скучно, а этот светлячок, он оказался лучше любого самосвала на свете.

Мама пристально посмотрела на меня и спросила:
- А чем же, чем же именно он лучше?
Я сказал:
- Да как же ты не понимаешь?! Ведь он живой! И светится!..

## ЛЕКСИКА

задерживаться / задержаться
автобусная остановка
бублик
брынза
заиграть, сов. начать играть
набирать / набрать
набор
доставать / достать *что*
самосвал
валить / свалить
вертеть, верчу́, ве́ртишь, *несов.*
вертолёт
отвязываться / отвязаться, -яжу́сь, -я́жешься,
плавательный круг
лопнутый
лопаться / лопнуть
ванная
ванна
баня
протягивать / протянуть
кроха
крошка
крошечный (= крохотный)
наглядеться, *сов.*

## КОММЕНТАРИИ

### 1. одна Гватемала, два Барбадоса

**Я тебе за него могу дать одну Гватемалу и два Барбадоса!**

여기서 **одна Гватемала**와 **два Барбадоса**는 과테말라 우표 한장과 바르바도스 우표 두장을 말한다. 우표수집은 초등학생 연령의 아이들에게 예나 지금이나 변함없는 취미이고, 구하기 힘든 외국 우표는 아이들에게는 대단한 가치였다.

### 2. достать / доставать + что의 용법

**достать**의 첫 번째 뜻은 "~ 을 어디에서 꺼내다"이다.

**достать книгу с полки**
**достать платок из кармана**

**достать**는 또한 "~ 을 구하다, 얻다"라는 뜻으로도 많이 쓰이는데, 비슷한 의미의 동사 **купить**에 비해 **достать**는 힘들게 구하다 라는 의미를 내포하고 있다.

**купить книгу (билеты) / достать книгу (билеты)**

**Где вы достали эту книгу? (Это очень редкая книга.)**
**Я думаю, что мы не достанем билетов – сегодня премьера.**

### 3. взять что в руки / держать что в руках 구문

"~ 을 손에 쥐다", "~ 을 손에 쥐고 있다"라는 구문이다. 전자는 동작을 나타내고, 후자는 상태를 표시하기 때문에 한국어로는 동일하게 번역되는 "손에" 가 러시아어로는 각각 **в руки, в руках** 대격과 전치격으로 따로 쓰인다.

Миша сел со мной и взял в руки самосвал.
В то же время я сам держал ее сейчас в руках.

## 4. На белом свете / На краю света

이 세상에서 라는 뜻이다. **свет**는 빛이라는 뜻 말고도 세상, 세계라는 뜻도 가지고 있다. **Новый свет**는 신세계, 새로 발견된 아메리카 대륙을 의미한다. 현재 우리가 살고 있는 이 세계를 **белый свет**라고 하며, 죽은 이후의 세계를 **тот свет**라고 한다. 그래서 저 세상에서는 **на том свете**이다.

на белом свете ≠ на том свете

**Свет**는 사교계, 상류사회 라는 뜻도 가지는 데, 사교계의 여왕에 해당하는 표현은 **светская львица**이다.

## 5. чуть-чуть кололо в носу

여기서 **колоть**는 무인칭동사로 쓰인 경우이다. "단단한 물건으로 충격을 가해서 깨뜨리다, 쪼개다" 라는 의미에서 출발하는 이 동사는 "(예리한 도구 등으로) 누구를 찌르다"라는 뜻으로 발전한다.

Колоть дрова (лёд).
Скошенная трава колет ноги. Колоть штыком.

무인칭동사로 쓰이면 "쑤시는 듯한 통증이 느껴진다"라는 의미가 된다.

Мне грудь колет. У меня колет в грудь.
Мне бок колет. У меня колет в боку.

## 6. променять의 용법

променять кого-что на кого-что / променять А на В
"A를 B와 바꾸다, 교환하다"라는 뜻의 구문으로 обменять와 거의 같은 뜻이다. 하지만 "A보다 B를 더 선호해서 바꾸었다"라는 화자의 가치판단이 내포되어 있다.

**Я, мама, променял его на светлячка!**라고 이 이야기의 주인공 제니스(**Денис**)가 이야기했을 때 그에겐 **светлячок**이 더 마음에 들었다는 뜻이다.

Ни на кого тебя не променяю.
Я свою долю художника ни на что не променяю. (К. Паустовский)

# АКТИВНАЯ ЛЕКСИКА

## 1.

жечь / сжечь
зажигать / зажечь
сжигать / сжечь

жечь, жгу, жжёшь [*жьжё*], жгутся; жёг, жгла, жгли
сжечь, сожгу, сожжёшь, сожгут; сжёг, сожгла, сожгло, сожгли

жечь / сжечь
зажигаться / зажечься

Кто зажигает, зажёг + что?
Что зажигается + когда? + где?

Каждый вечер город зажигает огни реклам.
Мать зажгли в гостиной свет.
Ночью на небе зажигаются звёзды.

## 2.

дуться / надуться на кого-что
Он на меня надулся и не разговаривает со мной.
Хотя мы с ним и помирились, но он всё ещё продолжает на меня дуться.

## КУЛЬТУРА

Светлячок

이야기의 주인공을 감동시킨 **светлячок**은 반딧불이(개똥벌레) 유충을 말한다. 생물발광이라는 생리과정을 통해 배에서 빛을 발한다. 성충이 발광하는 종류는 유충도 발광하며 보통 제8마디에 한 쌍의 발광기가 있다.

Урок

3

# ОДНА КАПЛЯ УБИВАЕТ ЛОШАДЬ

## ТЕКСТ

Когда папа заболел, пришел доктор и сказал:

– Ничего особенного, маленькая простуда. Но я вам советую бросить курить, у вас в сердце легкий шумок.

И когда он ушел, мама сказала:

– Как это все-таки глупо – доводить себя до болезней этими проклятыми папиросами. Ты еще такой молодой, а вот уже в сердце у тебя шумы и хрипы.

– Ну, – сказал папа, – ты преувеличиваешь! У меня нет никаких особенных шумов, а тем более хрипов. Есть всего-навсего один маленький шумишко. Это не в счет.

– Нет – в счет! – воскликнула мама. – Тебе, конечно, нужен не шумишко, тебя бы больше устроили скрип, лязг и скрежет, я тебя знаю...

– Во всяком случае, мне не нужен звук пилы, – перебил ее папа.

– Я тебя не пилю, – мама даже покраснела, – но пойми ты, это действительно вредно. Ведь ты же знаешь, что одна капля папиросного яда убивает здоровую лошадь!

Вот так раз! Я посмотрел на папу. Он был большой, спору нет, но все-таки поменьше лошади. Он был побольше меня или мамы, но, как ни верти, он был поменьше лошади и даже самой захудалой коровы. Корова бы никогда не поместилась на нашем диване, а папа помещался свободно. Я очень испугался. Я никак не хотел, чтобы его убивала такая капля яда. Не хотел я этого никак и ни за что. От этих мыслей я долго не мог заснуть, так долго, что не заметил, как все-таки заснул.

А в субботу папа выздоровел, и к нам пришли гости. Пришел дядя Юра с тетей Катей, Борис Михайлович и тетя Тамара. Все пришли и стали вести себя очень прилично, а тетя Тамара как только вошла, так вся завертелась, и затрещала, и уселась пить чай рядом с папой. За столом она стала окружать папу заботой и вниманием, спрашивала, удобно ли ему сидеть, не дует ли из окна, и в конце концов до того наокружалась и назаботилась, что всыпала ему в чай три ложки сахару. Папа размешал сахар, хлебнул и сморщился.

– Я уже один раз положила сахар в этот стакан, – сказала мама, и глаза у нее стали зеленые, как крыжовник.

А тетя Тамара расхохоталась во все горло. Она хохотала, как будто кто-то под столом кусал ее за пятки. А папа отодвинул переслащенный чай в сторону. Тогда тетя Тамара вынула из сумочки тоненький портсигарчик и подарила его папе.

– Это вам в утешение за испорченный чай, – сказала она. – Каждый раз, закуривая папироску, вы будете вспоминать эту смешную историю и ее виновницу.

Я ужасно разозлился на нее за это. Зачем она напоминает папе про курение, раз он за время болезни уже почти совсем отвык? Ведь одна капля курильного яда убивает лошадь, а она напоминает. Я сказал:

«Вы дура, тетя Тамара! Чтоб вы лопнули! И вообще вон из моего дома. Чтобы ноги вашей толстой больше здесь не было».

Я сказал это про себя, в мыслях, так, что никто ничего не

понял.

А папа взял портсигарчик и повертел его в руках.

– Спасибо, Тамара Сергеевна, – сказал папа, – я очень тронут. Но сюда не войдет ни одна моя папироска, портсигар такой маленький, а я курю «Казбек». Впрочем...

Тут папа взглянул на меня.

– Ну-ка, Денис, – сказал он, – вместо того чтобы выдувать третий стакан чаю на ночь, пойди-ка к письменному столу, возьми там коробку «Казбека» и укороти папироски, обрежь так, чтобы они влезли в портсигар. Ножницы в среднем ящике!

Я пошел к столу, нашел папиросы и ножницы, примерил портсигар и сделал все, как он велел. А потом отнес полный портсигарчик папе. Папа открыл портсигарчик, посмотрел на мою работу, потом на меня и весело рассмеялся:

– Полюбуйтесь-ка, что сделал мой сообразительный сын!

Тут все гости стали наперебой выхватывать друг у друга портсигарчик и оглушительно хохотать. Особенно старалась, конечно, тетя Тамара. Когда она перестала смеяться, она согнула руку и костяшками пальцев постучала по моей голове.

– Как же это ты догадался оставить целыми картонные мундштуки, а почти весь табак отрезать? Ведь курят-то именно табак, а ты его отрезал! Да что у тебя в голове – песок или опилки?

Я сказал:

«Это у тебя в голове опилки, Тамарище Семипудовое».

Сказал, конечно, в мыслях, про себя. А то бы меня мама заругала. Она и так смотрела на меня что-то уж чересчур пристально.

– Ну-ка, иди сюда, – мама взяла меня за подбородок, – посмотри-ка мне в глаза!

Я стал смотреть в мамины глаза и почувствовал, что у меня

щеки стали красные, как флаги.

– Ты это сделал нарочно? – спросила мама.

Я не мог ее обмануть.

– Да, – сказал я, – я это сделал нарочно.

– Тогда выйди из комнаты, – сказал папа, – а то у меня руки чешутся. Видно, папа ничего не понял. Но я не стал ему объяснять и вышел из комнаты.

Шутка ли – одна капля убивает лошадь!

## ЛЕКСИКА

всего-навсего
Осталось всего-навсего два рубля.
доводить / довести
проклятие
проклятый
хрип
скрип
лязг
скрежет
пила
пилить
как ни верти
засыпать / заснуть
просыпаться / проснуться
завертеться, *сов.* начать вертеться

затрещать, *сов.* начать трещать
окружать / окружить *кого-что*
крыжовник
хохотать, *несов.*
хохотать во все горло
расхохотаться, *сов.*
кусать / покусать
пятка, пята
Ахиллесова пята
отодвигать / отодвинуть *кого-что*
переслащённый
переслащивать / пересластить, -ащу, -астишь, -ащённый (-ён, -ёна); *сов.*
портсигарчик, портсигар
утешение

утешать / утешить *кого-что*
испорченный
портить / испортить *кого-что*
виновник, виновница
вина
виноватый
зло
злиться / разозлиться *на кого-что, за что*
отвыкать / отвыкнуть
капля
яд
убивать / убить
взглядывать / взглянуть *на кого-что*
выдувать / выдуть
выдуть пять стаканов чаю.
укорачивать / укоротить
короткий
примерять / примерить
сообразительный
наперебой
выхватывать / выхватить
оглушительно
картонный
мундштук
опилки, *лок, ед*. нет.
чересчур, нареч.
Вода чересчур горяча.
чесаться, чешусь, чешешься, *несов*.
Чешутся руки у кого.

## КОММЕНТАРИИ

### 1. Чтоб ты лопнул! Чтоб вы лопнули!

누군가에게 좋지 않은 감정을 가지고 불행이 일어나기를 기원하는 표현이다. 그 사람이 없어져 버리기를 바란다는 뜻이다.

Чтоб ты лопнул! – прошептал он, задрожав. (А. Пушкин)

## 2. про себя

"속으로"라는 뜻이다. "속으로 이야기하다", "속으로 책을 읽다"와 같은 문구에서 читать, сказать, повторять, бормотать, произносить 같은 동사와 함께 쓰인다.

Он прочёл письмо про себя и убрал его в стол.
Про себя он повторял таблицу умножения.

반대말은 вслух이다.

Покидая Владислава, я думал о том, что едва ли вернусь к нему, но вслух не сказал об этом.

# АКТИВНАЯ ЛЕКСИКА

## 1.

совет
Он дал мне хороший совет.

советовать / посоветовать кому-чему, что и с инф
Я вам советую не брать эту работу.
Мать советовала сыну поехать летом на юг.

советоваться / посоветоваться с кем
Нина всегда советуется с матерью.

## 2.

ре́зать, несов. / поре́зать, сов.
разреза́ть, несов. / разре́зать, сов.
нареза́ть, несов. / наре́зать, сов.
отреза́ть, несов. / отре́зать, сов.
обреза́ть, несов. / обре́зать, сов.

резать, режу, режешь, режут; резал/а/о/и; режь

## 3.

ругать / отругать + кого + за что
Мать ругает ребёнка за плохую оценку.
Начальник ругает подчинённого за плохую работу.

ругаться / выругаться + на кого
Мать ругается на сына.

не ругай(ся)!, не ругайте(сь)!
Не ругайте меня! Я ни в чём не виноват.
Не ругайтесь! Вы находитесь в общественном месте.

## КУЛЬТУРА

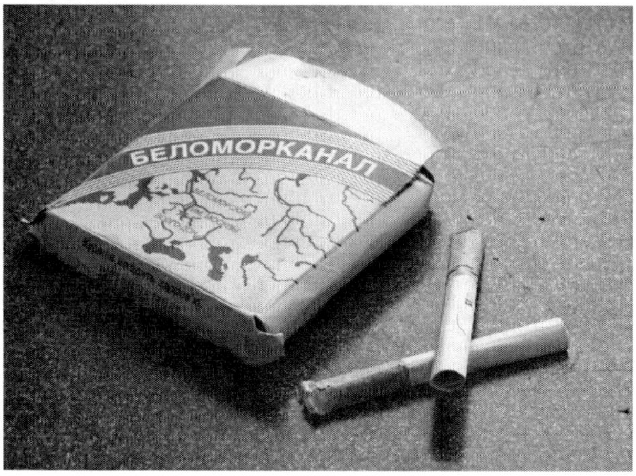


Папиросы는 러시아식 궐련으로 담배가 얇은 종이에 싸인 부분과 빨부리 부분으로 나뉜다. 담배부분은 전체 길이의 3분의 1정도를 차지하고, 나머지 빨부리 부분은 단단한 마분지 같은 종이로 만들어져 있으며, 속은 비어있다.

Казбек은 러시아와 그루지야 접경에 위치한 높이 5033,8미터의 화산이다. 2600년 전에 마지막 화산활동을 하였다. Казбек산을 오세트어로는 Урсхох라고 부르는데 하얀 산이라는 뜻이다. 주인공의 아버지는 이 산을 담배 케이스에 그려 넣은 Казбек이라는 папиросы를 피운다.

КАЗБЕК

IV

# Всеволод Михайлович Гаршин.
# (1855 – 1888)

## АВТОР

프세볼로드 미하일로비치 가르쉰은 1855년에 오래된 귀족 가문에서 태어났다. 아버지는 크림전쟁에 참가한 군인이었고, 어머니는 해군 장교의 딸로 1860년대 민주혁명운동에 참가하였다. 어렸을 적부터 가르쉰은 매우 신경이 예민하고, 감수성이 뛰어났는데, 이런 기질은 그의 지나친 지적 조숙을 이끌었다.

5살 때 그는 가족의 불화를 경험하는데 이 사건은 그의 성격에 깊은 영향을 남긴다. 어머니는 아이들의 가정교사인 자바드스끼(Завадский)와 사랑에 빠져 가족을 버리게 된다. 자바드스끼는 비밀정치조직에 가담하고 있었다. 아버지는 경찰에 신고를 하고, 자바드스끼는 체포되어 뻬뜨로자보드스크(Петрозаводск)로 유형을 가게 되었다. 어머니는 그를 면회하기 위해 뻬쩨르부르그로 이주하였다. 1864년까지 가르쉰은 하리코프현의 아버지의 영지에서 자랐고, 이후 어머니가 그를 뻬쩨르부르그로 데리고 가서 김나지움에 입학시킨다.

17세에 처음으로 광기의 발작을 일으켜 입원했던 그는 1874년 뻬쩨르부르그의 광산대학(Горный институт)에 입학한다. 학창시절 그는 이동전람회파 화가들(передвижники)과 친교를 가지고 미술에 관한 일련의 글을 발표한다. 1877년 4월 러시아가 터키와 전쟁을 시작하자, 자원 입대한다. 8월에 불가리아에서 다리에 부상을 입고 후송된다. 이때의 경험은 그가 군 병원에서 쓴 첫 단편 "4일간(Четыре дня, 1877)"의 재료가 된다. 이 작품은 부상당한 한 군인의 곤경을 묘사했는데, 4일간은 부상당한 주인공이 전쟁터에 버려져 있던 기간을 말한다. 이 단편이 "조국잡기 (Отечественные записки)" 10월 호에 실리자 그는 일약 문명을 얻게 된다. 1878년 장교로 승진되었지만, 건강상의 이유로 퇴역하고 뻬쩨르부르그 대학에서 청강생으로 공부를 계속한다.

전쟁의 경험은 작가의 감수성 예민한 성격과 그의 작품에 매우 깊은 자극을 남겼다. 가르쉰의 단편들은 이야기의 줄거리나 플롯 면에서 단순하지만, 주인공의 감정이 매우 적나라하게 드러나 있다. 일기형식을 이용한 일인칭 서술과 병적일 정도의 심리적 고통은 작가와 주인공을 동일시하는 효과를 낳았다. 당시 문학 비평에서는 “가르쉰은 피로 글을 쓴다 (Гаршин пишет кровью)”라는 표현을 종종 볼 수 있었다.

1880년 그가 선처를 부탁했던 혁명가인 믈로제츠끼(Млодецкий)의 사형 이후 조울증이 심해져 정신병원에 입원하게 된다. 입원 중의 체험을 토대로 1883년에 대표작 중 하나인 “붉은 꽃 (Красный цветок, 1883)”을 썼다. 주인공은 세상의 모든 악을 제거하려고 마음먹는다. 그 악은 병원 정원에 핀 세송이의 양귀비 꽃에 모여 있는 것이다. 그의 작품의 주요 기조는 인간에 대한 민감한 인도적 태도와 인간 사회에 불행을 가져오는 악에 대한 저항이다. 말년에 이르자 가르쉰은 자신의 서사 방법을 단순화시켜, 똘스또이 풍의 민담 같은 이야기들인 “오만한 학개에 관한 이야기 (Сказание о гордом Аггее, 1886)”, “신호 (Сигнал, 1887)”를 썼다. 1888년 까프까즈로 요양을 떠나기 4일 전 아파트 계단에서 뛰어내려 중상을 입고 33세의 나이로 죽었다. 동화인 “개구리 여행자 (Лягушка-путешественница, 1887)”는 그가 쓴 마지막 작품이다.

Урок

# 1 ЛЯГУШКА-ПУТЕШЕСТВЕННИЦА

## ТЕКСТ

Жила-была на свете лягушка-квакушка. Сидела она в болоте, ловила комаров да мошку, весною громко квакала вместе со своими подругами. И весь век она прожила бы благополучно – конечно, в том случае, если бы не съел ее аист. Но случилось одно происшествие.

Однажды она сидела на сучке высунувшейся из воды коряги и наслаждалась теплым мелким дождиком.

«Ах, какая сегодня прекрасная мокрая погода! – думала она. – Какое это наслаждение – жить на свете!»

Дождик моросил по ее пестренькой лакированной спинке; капли его подтекали ей под брюшко и за лапки, и это было восхитительно приятно, так приятно, что она чуть-чуть не заквакала, но, к счастью, вспомнила, что была уже осень и что осенью лягушки не квакают, – на это есть весна, – и что, заквакав, она может уронить свое лягушечье достоинство. Поэтому она промолчала и продолжала нежиться.

Вдруг тонкий, свистящий, прерывистый звук раздался в воздухе. Есть такая порода уток: когда они летят, то их крылья, рассекая воздух, точно поют, или, лучше сказать, посвистывают. Фью-фью-фью-фью – раздается в воздухе, когда летит высоко над вами стадо таких уток, а их самих даже и не видно, так они высоко летят. На этот раз утки, описав огромный полукруг, спустились и сели как раз в то самое болото, где жила лягушка.

– Кря, кря! – сказала одна из них, – Лететь еще далеко; надо покушать.

И лягушка сейчас же спряталась. Хотя она и знала, что утки не станут есть ее, большую и толстую квакушку, но все-таки, на всякий случай, она нырнула под корягу. Однако, подумав, она решилась высунуть из воды свою лупоглазую голову: ей было очень интересно узнать, куда летят утки.

– Кря, кря! – сказала другая утка, – уже холодно становится! Скорей на юг! Скорей на юг!

И все утки стали громко крякать в знак одобрения.

– Госпожи утки! – осмелилась сказать лягушка, – что такое юг, на который вы летите? Прошу извинения за беспокойство.

И утки окружили лягушку. Сначала у них явилось желание съесть ее, но каждая из них подумала, что лягушка слишком велика и не пролезет в горло. Тогда все они начали кричать, хлопая крыльями:

– Хорошо на юге! Теперь там тепло! Там есть такие славные теплые болота!

Какие там червяки! Хорошо на юге!

Они так кричали, что почти оглушили лягушку. Едва-едва она убедила их замолчать и попросила одну из них, которая казалась ей толще и умнее всех, объяснить ей, что такое юг. И когда та рассказала ей о юге, то лягушка пришла в восторг, но в конце все-таки спросила, потому что была осторожна:

– А много ли там мошек и комаров?

– О! целые тучи! – отвечала утка.

– Ква! – сказала лягушка и тут же обернулась посмотреть, нет ли здесь подруг, которые могли бы услышать ее и осудить за кваканье осенью. Она уж никак не могла удержаться, чтобы не квакнуть хоть разик.

– Возьмите меня с собой!

– Это мне удивительно! – воскликнула утка. – Как мы тебя возьмем? У тебя нет крыльев.

– Когда вы летите? – спросила лягушка.

– Скоро, скоро! – закричали все утки. – Кря, кря! кря! кря! Тут холодно! На юг! На юг!

– Позвольте мне подумать только пять минут, – сказала лягушка, – я сейчас вернусь, я наверно придумаю что-нибудь хорошее.

И она шлепнулась с сучка, на который было снова влезла, в воду, нырнула в тину и совершенно зарылась в ней, чтобы посторонние предметы не мешали ей размышлять. Пять минут прошло, утки совсем было собрались лететь, как вдруг из воды, около сучка, на котором она сидела, показалась ее морда, и выражение этой морды было самое сияющее, на какое только способна лягушка.

– Я придумала! Я нашла! – сказала она. – Пусть две из вас возьмут в свои клювы прутик, а я прицеплюсь за него посередине. Вы будете лететь, а я ехать. Нужно только, чтобы вы не крякали, а я не квакала, и все будет превосходно.

Хотя молчать и тащить хоть бы и легкую лягушку три тысячи верст не бог знает какое удовольствие, но ее ум привел уток в такой восторг, что они единодушно согласились нести ее. Решили переменяться каждые два часа, и так как уток было, как говорится в загадке, столько, да еще столько, да полстолько, да четверть столька, а лягушка была одна, то нести ее приходилось не особенно часто. Нашли хороший, прочный прутик, две утки взяли его в клювы, лягушка прицепилась ртом за середину, и все стадо поднялось на воздух. У лягушки захватило дух от страшной высоты, на которую ее подняли; кроме того, утки летели неровно и дергали прутик; бедная квакушка болталась в воздухе, как бумажный паяц, и изо всей мочи стискивала свои челюсти, чтобы не оторваться и не шлепнуться на землю. Однако она скоро привыкла к своему положению и даже начала осматриваться. Под нею быстро проносились поля, луга, реки и горы, которые ей, впрочем, было очень трудно рассматривать, потому что, вися на прутике, она смотрела назад и немного вверх, но кое-что все-таки видела и радовалась и гордилась.

«Вот как я превосходно придумала», – думала она про себя.

А утки летели вслед за несшей ее передней парой, кричали и хвалили ее.

– Удивительно умная голова наша лягушка, – говорили они, – даже между утками мало таких найдется.

Она едва удержалась, чтобы не поблагодарить их, но вспомнив, что, открыв рот, она свалится со страшной высоты, еще крепче стиснула челюсти и решилась терпеть. Она болталась таким образом целый день: несшие ее утки переменялись на лету, ловко подхватывая прутик; это было очень страшно: не раз лягушка чуть было не квакала от страха, но нужно было иметь присутствие духа, и она его имела. Вечером вся компания остановилась в каком-то болоте; с зарею утки с лягушкой снова пустились в путь, но на этот раз путешественница, чтобы лучше видеть, что делается на пути, прицепилась спинкой и головой вперед, а брюшком назад. Утки летели над сжатыми полями, над пожелтевшими лесами и над деревнями, полными хлеба в скирдах; оттуда доносился людской говор и стук цепов, которыми молотили рожь. Люди смотрели на стаю уток и, замечая в ней что-то странное, показывали на нее руками. И лягушке ужасно захотелось лететь поближе к земле, показать себя и послушать, что об ней говорят. На следующем отдыхе она сказала:

– Нельзя ли нам лететь не так высоко? У меня от высоты кружится голова, и я боюсь свалиться, если мне вдруг сделается дурно.

И добрые утки обещали ей лететь пониже. На следующий день они летели так низко, что слышали голоса:

– Смотрите, смотрите! – кричали дети в одной деревне, – утки лягушку несут!

Лягушка услышала это, и у нее прыгало сердце.

– Смотрите, смотрите! – кричали в другой деревне взрослые, – вот чудо-то!

«Знают ли они, что это придумала я, а не утки?» – подумала квакушка.

– Смотрите, смотрите! – кричали в третьей деревне. – Экое чудо! И кто это придумал такую хитрую штуку?

Тут лягушка уж не выдержала и, забыв всякую осторожность, закричала изо всей мочи:

– Это я! Я!

И с этим криком она полетела вверх тормашками на землю. Утки громко закричали; одна из них хотела подхватить бедную спутницу на лету, но промахнулась. Лягушка, дрыгая всеми четырьмя лапками, быстро падала на землю; но так как утки летели очень быстро, то и она упала не прямо на то место, над которым закричала и где была твердая дорога, а гораздо дальше, что было для нее большим счастьем, потому что она бултыхнулась в грязный пруд на краю деревни.

Она скоро вынырнула из воды и тотчас же опять сгоряча закричала во все горло:

– Это я! Это я придумала!

Но вокруг нее никого не было. Испуганные неожиданным плеском, местные лягушки все попрятались в воду. Когда они начали показываться из нее, то с удивлением смотрели на новую.

И она рассказала им чудную историю о том, как она думала всю жизнь и наконец изобрела новый, необыкновенный способ путешествия на утках; как у нее были свои собственные утки, которые носили ее, куда ей было угодно; как она побывала на прекрасном юге, где так хорошо, где такие прекрасные теплые болота и так много мошек и всяких других съедобных насекомых.

– Я заехала к вам посмотреть, как вы живете, – сказала она. – Я пробуду у вас до весны, пока не вернутся мои утки, которых я отпустила.

Но утки уж никогда не вернулись. Они думали, что квакушка разбилась о землю, и очень жалели ее.

1887 г.

## ЛЕКСИКА

квакуша, квакушка
< квакать
мошка
благополучный
сучок < сук
коряга
моросить, несов.
На дворе моросит.
Дождь моросит.
пёстрый
лакированный < лакировать

лакированная обувь
брюшко < брюхо
лапка < лапа
ронять / уронить
нежиться, несов.
прерывистый
раздаваться / раздаться
крякать / крякнуть
стадо
описывать / описать кого-что
прятать / спрятать кого-что

квакуша, квакушка
< квакать
мошка
благополучный
сучок < сук
коряга
моросить, *несов.*
На дворе моросит.
Дождь моросит.
пёстрый
лакированный < лакировать
лакированная обувь
брюшко < брюхо
лапка < лапа
ронять / уронить
нежиться, несов.
прерывистый
раздаваться / раздаться
крякать / крякнуть

стадо
описывать / описать *кого-что*
прятать / спрятать *кого-что*
нырять / нырнуть
лупоглазый
осмеливаться / осмелиться
хлопать / похлопать *кого-что*
чем по чему
славный
оглушать / оглушить *кого-что*
осуждать / осудить *кого-что*
Не суди и не судимым будешь.
восклицать / воскликнуть
шлёпаться / шлёпнуться
тина
сиять, *несов.*
прут
прицепляться / прицепиться
переменяться / перемениться

## АКТИВНАЯ ЛЕКСИКА

совать / сунуть *кого-что*
высунуть / высовывать
высунуться / высовываться

течь
подтекать / подтечь
сечь, *несов.*

рассекать / рассечь *кого-что*

зарывать / зарыть *кого-что*
зарываться / зарыться

окружать / окружить *кого-что*

| | |
|---|---|
| совать / сунуть *кого-что*<br>высунуть / высовывать<br>высунуться / высовываться<br><br>течь<br>подтекать / подтечь<br><br>сечь, несов.<br>рассекать / рассечь *кого-что*<br><br>зарывать / зарыть *кого-что*<br>зарываться / зарыться<br><br>окружать / окружить *кого-что*<br>кругкружок | свисток<br>свист<br>свистеть, *несов.*<br>свистящий<br>посвистывать, *несов.*<br><br>одобрять / одобрить *кого-что*<br>одобрение<br><br>удерживать / удержать кого-что<br>удерживаться / удержаться |

## КОММЕНТАРИИ

### 1. 동물들의 의성어 (Изображения звука животных)

**Квакать**는 개구리가 "개골 개골 울다"라는 동사이고, **крякать**는 오리가 우는 것을 흉내 내서 만들어진 동사이다. 우리에게는 개구리가 "개골 개골"하고 울지만, 러시아 사람들 귀에는 "**Ква ква**"하고 우는 것이다. 그래서 개구리를 별칭으로 **квакушка**라고 부른다. 마찬가지로 한국에서는 오리가 "꽥 꽥"하는 소리를 내지만, 러시아에서는 "**Кря кря**"라고 운다. 러시아어와 한국어의 동물들의 의성어를 비교해 보면서 두 언어의 차이를 비교해보는 것도 매우 재미있는 일이다.

| Наименование животного | Глаголы | Существ ительное | Звук |
|---|---|---|---|
| Воробей | Чирикать | Чириканье | Чик-чирик |
| Ворона | Каркать | Карканье | Кар-кар |
| Голубь | Ворковать | Воркование | Ур-ур-ур |
| Комар | Пищать | Писк | Жьььььь |
| Корова, Бык | Мычать | Мычание | Му-му |
| Кот, Кошка | Мяукать | Мяуканье | Мяу-мяу |
| Курица | Кудахтать | Кудахтанье | Кудах-так-так |
| Лошадь | Ржать | Ржание | Игого-игого |
| Лягушка | Квакать | Кваканье | Ква-ква |
| Овца | Блеять | Блеяние | Мее-мее |
| Петух | Кукарекать | Кукареканье | Ку-ка-ре-ку |
| Свинья | Хрюкать | Хрюканье | Хрю-хрю |
| Собака | Гавкать, Лаять | Гавканье, Лай | Гав-гав |
| Сова, Филин | Ухать | Ухание | Ух-ух |
| Соловей | Петь | Пение | Чуить-чу-чу-чу |
| Тигр | Рыгать, Рычать | Рыгание, Рычание | Ррррррр |
| Утка | Крякать | Кряканье | Кря-кря |

## 2. Да

Сидела она в болоте, ловила комаров да мошку ...

이 문장에서 쓰인 **да**는 긍정을 나타내는 소사가 아니고, 낱말을 연결시켜주는 접속사로 **и**와 같은 뜻을 가진다.

Ты да я идем в кино. (= Ты и я идем в кино)
Отец да мать (= отец и мать)

День да ночь – сутки прочь. (пословица).

## 3. наслаждаться чем

насладиться / наслаждаться 동사는 조격을 요구하는 동사이다. "~ 에 흥미를 가지다, 열중하다, 즐기다"라는 의미의 동사군은 조격을 요구한다.

**наслаждаться** музыкой, жизнью
**любоваться** видом, картиной, природой
**увлекаться** работой, картиной, природой
**интересоваться** литературой, музыкой, техникой
**восхищаться, восторгаться** красотой, книгой, смелостью

## 4. в знак чего

"~ 의 표시로서" 라는 뜻으로 전치사처럼 쓰이며 생격을 요구한다.

Голодовка в знак протеста
Она пожала ему руку в знак согласия.
Учитель улыбнулся в знак одобрения.
Правительство в знак протеста отозвало своего посла.

## 5. убеждать /убедить кого

"~에게 ~을 확신시키다, 믿게 하다" 라는 의미의 구문이다. 믿음의 대상은 **в чем**으로 명사를 쓰거나, 동사원형이나 **чтобы** 를 쓰는 두 가지 구문 형태가 있다.

убеждать / убедить кого в чем
Он убедил её в правоте своих слов.

убеждать / убедить кого + инф, или кого, чтобы
Она убедил его лечиться (= Она убедила его, чтобы лечился)
Федору Ивановичу не удалось убедить его остаться.
Ты должна убедить Якова, чтобы он дал эти пять тысяч – на расходы по свадьбе.

## 6. было

Пять минут прошло, утки совсем было собрались лететь.
이 문장에서 было 는 소사로 "어떤 행위나 동작을 시작하려 했거나, 혹은 시작했지만, 어떤 이유로 중단되었거나 그만두었음"을 나타낸다. "거의 ~ 할 뻔 했다" 정도로 해석된다. 그래서 위의 문장은 "5분이 경과했다, 오리들은 거의 날아가려고 준비하였었다" 라고 해석된다. 동작이 거의 시작되려 했으나, 이루어지지는 못했음을 나타내기 때문에, 오리들이 날아가려고 막 준비했지만, 날아가지는 못했다라는 내포된 의미가 있음을 알 수 있다.

Он было стал засыпать.
마찬가지로 이 문장도 "그는 거의 잠들 뻔 했다"이다. 잠이 들뻔했지만, 결국 잠들지는 못했다 는 것을 알 수 있다.

Хотел было поехать, да не получилось.
На ель ворона взгромоздясь, позавтракать было совсем уж собралась, да призадумалась. (Крылов)

## 7. Не бог знает кто, какой / Не бог весть кто, какой

`그렇게 썩 훌륭하지 않은, 중간 정도의 사람이나 상태를 나타낸다.

Здоровье не бог весть какое.
Актеры тоже не бог весть какие были.

Хотя молчать и тащить хоть бы и легкую лягушку три тысячи верст не бог знает какое удовольствие, но ее ум привел уток в такой восторг, что они единодушно согласились нести ее.
비록 가벼운 개구리 한 마리지만 삼천 베르스타를 입을 꾹 닫고서 끌고가야 된다는 게 썩 만족스럽지는 못했지만...

## 8. Столько

Уток было, как говорится в загадке, столько, да еще столько, да полстолька, да четверть столька, а лягушка была одна.
동화나 수수께끼 등에 쓰이는 표현이다. "오리들은 수수께끼에서 말하듯이, 이만큼, 또 이만큼, 그리고 이만큼의 반, 또 이만큼의 반의반 이었지만, 개구리는 하나였다" 결국 양이 무척 많음을 아이들 식으로 장난스럽게 표현한 것이다.

Здравствуйте, сто гусей! – Нас не сто. Если бы нас было еще столько, да полстолька, да четверть столька, да еще один гусь, тогда бы нас было сто. Сколько летело гусей? (Задача)

## 9. На лету

"공중에서", 혹은 "재빨리"의 뜻으로 쓰인다.

Мой костер в тумане светит. Искры гаснут на лету.

– Завтракать будешь?
– На лету. Мне в редакцию надо.

Ребёнок всё схватывает на лету.

## 10. Делаться 동사

делаться 동사는 크게 두 가지 뜻으로 사용된다.

첫 번째는 "~ 하게 되다"라는 의미로 становиться와 같은 뜻이며, 주로 상태를 나타내는 부사와 함께 쓰인다.

Делается жарко, весёлым.
Погода делается хуже.
Мне от этого не делается хуже.
Я боюсь свалиться, если мне вдруг сделается дурно.

두 번째는 "~ 일이 일어나다, 벌어지다"라는 의미로 происходить 동사와 같은 뜻이다.

Что у вас делается?
С ней часто делается обмороки.
Хотелось бы знать, что там делается.
На этот раз путешественница, чтобы лучше видеть, что делается на пути, прицепилась спинкой и головой вперед.

## КУЛЬТУРА

### 1. Цеп

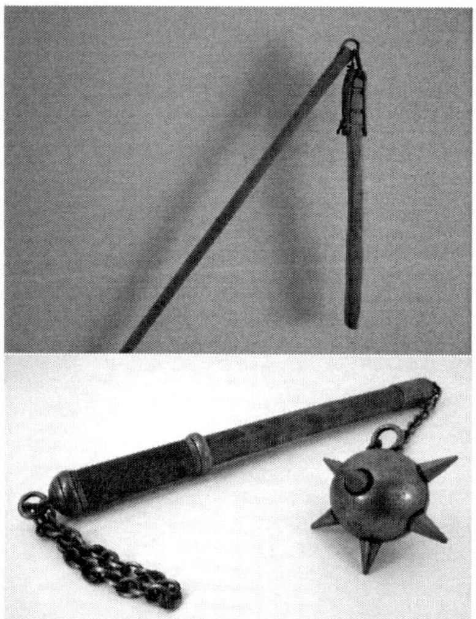

본문에서 나오는 **цеп** 은 탈곡을 할 때 쓰이는 농기구인 도리깨이다. 도리깨의 모양은 우리나라와 거의 흡사함을 볼 수 있다. 이 단어는 또한 농기구 이외에도 비슷한 구조의 무기를 뜻하기도 한다.

### 2. Сказка-притча

가르쉰의 이 동화는 장르상으로 보면 **сказка-притча** 이다. 비유, 우화로 번역되는 **притча**는 그 속에 항상 교훈적인 내용을 담고 있다. 이 이야기에서 가르쉰이 그의 아동 독자에게 들려주고 기억하길 바라는 교훈은 자신의 조그마한 재능이나 성공을 남에게 보여주고 자랑하고 싶어하는 인지상정을 경계하는 것이다. 다음의 본문 내용은 그런 인간의 심리를 잘 보여주고 있다.

И лягушке ужасно захотелось лететь поближе к земле, <u>показать себя и послушать, что об ней говорят.</u>
개구리는 땅에 가깝게 붙어서 날고 싶었다. 너무나도 자기를 보여주고 싶었고, 또 자기에 대해 말하는 것을 미치도록 듣고 싶었다.

그 자랑하고 싶은 마음을 참지 못해서 결국 개구리 여행자는 남쪽으로의 여행을

완수하지 못했고, 중간에 떨어진 연못에서 자기 자랑으로 평생을 보낼지도 모른다. 러시아에서 많은 사랑을 받은 이 동화 덕분에 러시아에서는 자기 자랑이 심한 사람을 일컬어 다음과 같이 이야기하기도 한다.

Он ведет себя как лягушка-путешествснница.

## 저자

### 문준일
한국외국어대학교 노어과 졸
한국외국어대학교 대학원 노어노문학과 석사
**Московский государственный университет,**
**Кафедра русской литературы 20 в.** 박사
현 경상대학교 인문학연구소 연구교수
20세기 러시아 문학 및 문화 전공

### 추석훈
한국외국어대학교 노어과 졸
**New York University, Russian and Slavic Studies** 석사
**Indiana University at Bloomington,**
**Slavic Languages and Literatures** 박사
현 한국외국어대학교 노어과 부교수
역사언어학 및 형태통사론 전공

## 파워 러시아 문학 텍스트 I

**초판 1쇄 발행** 2011년 2월 25일
**초판 3쇄 발행** 2014년 2월 20일

**책임저자** 추 석 훈 **공저자** 문 준 일
**펴낸이** 박 철 **펴낸곳** 한국외국어대학교 출판부
130-791 서울특별시 동대문구 이문로 107
**전화** 02)2173-2495~7 **팩스** 02)2173-3363
**홈페이지** http://press.hufs.ac.kr **전자우편** press@hufs.ac.kr
**출판등록** 제6-6호(1969. 4. 30)
**편집 · 디자인** (주)이환디앤비 02)2254-4301
**정가** 8,000원 **ISBN** 978-89-7464-651-6 93890

* 잘못된 책은 교환하여 드립니다.